JN417970

나는, 내 소리를 읽었네

이 도서의 국립중앙도서관 출판시도서목록(CIP)은 e-CIP 홈페이지
(http://www.nl.go.kr/ecip)에서 이용하실 수 있습니다.
(CIP 제어번호 : CIP2014032294)

나는, 내 소리를 읽었네

글쓴이 / 김종석
펴낸이 / 孫貞順
펴낸곳 / 모아드림

1판 1쇄 / 2014년 11월 28일

서울 서대문구 북아현3동 1-1278
전화 / 365-8111~2
팩시밀리 / 365-8110
E-mail / morebook@morebook.co.kr
http://www.morebook.co.kr
등록번호 / 제2-2264호(1996.10.24)

ISBN 978-89-5664-170-6 03810

* 잘못된 책은 구입하신 서점에서 바꾸어 드립니다.
* 지은이와의 협의하에 인지를 붙이지 않습니다.

값 15,000원

나는, 내 소리를 읽었네

김종석 시집

모아드림

■ 시인의 말

내가 별이 되면 아주 먼 훗날
새싹 되어 태어날 텐데
내 영혼 외롭지 않게
은하수들에게 아름다운 노래 부탁해
별은 하늘에 올라 빛이 되어 비추겠지만
갈 길 헤매이지 않게
따뜻하게 안아주길 부탁해
세상에 태어나 방황하며 살았어
아직은 어린 영혼 갈 길 헤매이지 않게
그래서 은하수들에게 부탁하는 거야

2014년
김종석

차례

제1부 장미의 외출

제2부 고목

제3부 물방울

제4부 생각

제1부
장미의 외출

꽃의 미소

피곤한 눈가에 향기 꽃 한 잎
가느다란 세포 속 향기로 채우고
피곤하여 잠들고 싶은 마음
세상에서 벗어나

빛이 없는 곳 아주 깊숙이

향기 짙은 꽃잎 하나
게슴츠레한 눈에 걸터앉아
맡아보지 못한 향기
알고 싶은 향기

긴장 풀린 허무한 피로함
낡은 침대 곁에
몇 년째 정든 엷은 치마 같은 이불
침대 위에 쓰러지는 몸

떠나오며 이름 모를 작은 한 송이 꽃
그녀의 가슴 언저리에
거부하는 여린 손 제치고 꽂아주었을 뿐

푸른 바다처럼 넓은 하늘을 바라보며 젖은 그리움

꽃, 피곤한 몸 눈감게 할 수 없겠니
내 눈에서 떠나고
깊은 잠속
죽음처럼 피곤한 몸 잠들게
그 향기 만들어줄 수 없겠니.

노래하는 강

시간이 흐르는 소리

강에 낚시를 던지고 기다리는
소년의 마음에서 들었어
보고, 기다리는 것은
마음뿐만이 아니라는 것을 깨달았어

무대에 섰던 사람
앞을 볼 수 없는 사람이었지
빛은 노래하려는 사람에게
아스라이 비추고

소년이 기다리는
낚싯대가 활처럼 구부러지는 순간
그가 할 수 있는 아름다운 노랫소리가
세상 밖으로 퍼져나갈 때

그는 아무 소리도 듣지 못했어
빛이 없어도
그는 빛처럼 아름다운 소리로 노래하며
사람들은 침묵으로 음을 새겨 담고.

아기바람의 이야기

깊은 산속 골짜기에서 들리는 듯
오랜 시간 머물렀을 때처럼
바람 소리에서 눈물의 향기 많이
맴돌고 맴도는데

청아한 물소리 작은 바람소리
누구의 유혹이었나 잔솔들이었을까
무심코 지나는 바람 붙들고
흐느낄 수 조차 없는 작은 산새들의
아쉬운 목소리

그곳에 얼마나 오랜 시간 머물렀는지
알 수 없지만 누군가 널 넓은
세상으로 언젠가 옮겨 줄거나

어둠이 높은 산이 너를 가릴 수 없는데
너의 슬픈 목소리는 네가 어디에 머물든
네 모습 숨길 수 없는데
죽을 수도 살 수도 없는 통곡 소리만

모두 안타까워한들 네 모습
감출 수 없는데 밤이 깊어
새어 나오는 빛 있다 해도
지나는 나그네 등불 되어야지

잔솔 바람의 향기도
이 밤엔 멈췄으면
이토록 슬퍼하지 않았을 것을.

암묵지

흘러내리는 것은
보이는 것만이 아닐 터

네 몸을 버리는 것보다
더 귀한 것을 모두
모두 버려야 하기에

어찌 사람 눈에 그게 비칠까

세월이 길었든 짧았든
거기 모여 있는 것들이
네 몸을 지탱하였거늘

암묵지가 전설이 아님을
하늘이나마 알아줄까 했는데

넌 이미 비어 있는 모습을 하고

아무 상념 없이
내딛는 발자국

영원한 침묵으로
묵묵히 걷는
너의 형상보다
아름다운 모습이 있을까?

* '암묵지(暗默知)' 란 헝가리 출신 영국의 화학자이자 철학자인 마이클 폴라니(Michael Polanyi, 1891-1976)의 조어이다.

길

두리번거리며 창백한 눈동자
누군가 거칠게 지나쳐도
낯익은 거리였는데
밤이 곁에 와도
발걸음 움직이지 못하고
허물어진 집터 아스팔트 깔린 길
사방을 보아도 낯선 거리
낯선 사람들
헝클어져버린 방향
밤은 더 가까이 다가오는데
더듬어봐도 나타나지 않는
어둠은 길을 메우고
바위처럼 굳어버린 몸
새롭게 기억하여 익혀야 하는
자주 두리번거리다 보면
조금씩 익어가는 길이 있다.

거울

거울 한 조각을 내 가슴 한편에 묻어두고
매일매일 다른 내 모습을 본다 내 마음을 본다
누군가 오늘도 떠나버렸을 터인데
그 빈자리가 안타까워 거울 속 그리움은
그저 빨리 되돌아오길 기대하며 소식 기다리며

아름아름 사라져가는 보고 싶음에
가슴에 묻어둔 거울을 들여다보면
고개를 들고 차라리 하늘을 보는 것이 마음 편하다
가슴속 거울엔 내가 아니 네가 서 있다
때론 낯선 얼굴을 하며 거울에 나타나기도 하고
내가 보고 싶은 얼굴들은 언제나 거울 속에 비칠까

주막 집 할미의 여린 손 한편엔 지나버린 세월의 자욱이
거울 속엔 어제의 취한 모습의 비틀거림이 보인다.

소낙비

아침에 일어나 창문 열어
구름 잔뜩 하늘을 가리고
바람 세차게 부는 소리

나뭇잎들 소리 내며 우짖는데
나뭇잎들 음악소리 짙은 모습

소낙비 세차게 내리며
더욱 세차게
내릴 줄 알았는데

갑자기 조용해졌어
잠시 소낙비
나뭇잎 후려치는 소리

음악 틀어 놨는데
창밖 음악소리 더 아름다워
잠시 머물고 빗줄기 소리

가벼운 천둥소리는

내가 쓰는 시

창문 열고 의자에 앉아있는
그대로 쓰고 있었는데

뭔가 축축하다 싶었거든
하필이면 아랫도리만 골라서

소낙비 날 우짖게 만들었는데
나 옷 갈아 입을 수 없게 됐어.

장미의 외출

젊은이 한 쌍이 내 주위를 맴돈다
나는 최대한 꽃잎을 펼치고 향기를 쏟아낸다
남자아이가 내 꽃잎에 코를 대더니
손은 내 줄기를 더듬고 있었다

상처를 입은 젊은이는 한 발 뒤로 물러섰지만
눈빛이 강해지더니
흘리는 작은 핏물을 살짝 보고 있었다
이슬보다 작은 양일 것이다
내가 모두 마셨으니 외출하기 위하여
젊은 아가씨가 갑자기 나타났다

손톱깎이를 남자아이에게 들이민다
젊은이가 섬세도 하지 작은 손톱깎이로
가시 몇 개를 잘라내더니, 줄기까지 침범하고 있었다

그들은 나를 들고 어디론가 빠른 걸음으로 가고 있다
장미여관, 장미 없이는 출입이 안 된다는 그 여관
나는 꽃잎들에게 날개를 펴고 하늘로 날아가기를 속삭였다

더 이상 흙 속에 갇혀 있지 않으므로
두 젊은이는 망설임 없이 우리를 앞세우고
입구에 다가서는 순간
우리는 모두 빨간 나비가 되어 오랜만에 외출이 시작되었다
한 잎도 없이 모두 다 함께 하늘로 사라져간다.

시간과 시계

사랑하는 그녀를 기다릴 땐 시간을 볼 필요가 없다
멀리 떨어진 교회에서 울리는 종소리는
시간의 앞과 뒤를 나에게 기억하게 한다

시계는 그저 만지작거리며 평생 누군가
부모들일까 내 자신일까
금빛 색깔을 태양을 향해 비춘다
만지작거려도 시간을 알 수 있다

그녀가 약속했던 시간보다 빨리 도착하지 않는다
바쁜 도시 아무리 계산을 하고 먼저 집을 나서도
빨리 나선 만큼 도시는 그녀를 가두어버린다

그녀가 늦게 도착할수록 나의 옷매무새를 확인하고
또다시 들여다보고 깨끗하게 그녀를 맞이하고 싶다
내가 처음 사랑하는 그녀를 놓쳐서는 절대 안 되지!
첫사랑인데

티끌만큼이라도 허점을 보여서는 안 된다
왼쪽 소매는 약간 올리고 찬란한 사랑을 위하여

빛나는 시계를 보여주고 있었다

내가 실수를 한 건 그녀가 시간을 물어볼 때였다
내 시계가 움직임을 멈추고 게으름을 피우고 있을 때
기적처럼 찻집 문 앞에 커다란 시계가 있었다

나의 첫사랑은 마지막 사랑이 되었고
그 후 나는 시계를 집에 두고 다닌다.

열두 살 연상의 여인과 길동무하며

지금은 새롭지도 않고 별일 아니지만
나의 젊음, 청춘, 미움과 침묵, 사랑을
열정적으로 모두 바쳐야 했다
내가 스무 살에 넌 서른두 살이었어
너의 젊었을 때 분주했던 날들과 사랑
모든 걸 알아버렸을 때 그리고 현실이 숨겨진
베일 같은 것 모두 알았을 때 그 분노가
사랑으로 변해버린 이유를 어떻게 설명해야 할까
꽃 몽우리 활짝 피어가던 시절 그 짙은 향기도
새로운 나, 계절을 꿈꾸던 시절
나는 모든 걸 그녀를 위하여
두 손 들어 고스란히 바쳐야 했다
아름다운 사랑이 무엇일까
내 마음 빈털터리 되어야 하는가
이제와 무엇을 찾아 방황하는가
남아 있는 것 아무것도 없는데
새처럼 무언가 나에게 물어다준다 한들 그 누군가
내가 입을 벌릴 것 같은가
비어 있는 것 가득 차 있는데
내 가슴에 되돌아와 들어앉으면

바싹바싹 목마른 사람처럼 야위어가는
그녀를 보호하고 싶어 사랑해줘야 하는데
그녀도 마지막 사랑을 받아야지 영원한 사랑을
난 그렇게 하고 싶은데 네 마음 알 수 없네.

오우— 장미 피었네

나이로 따진다면 20세 전후
꽃 중에서 제일 바쁜 듯 합니다

사람들은 향기 맡고 얼굴 비벼 봅니다
콧구멍 큰 아저씨 꽃에 대면 장미 숨 멈추지요

밤이오면 장미 위로 별 떨어집니다
밤, 낮 없이 분주합니다

하늘에서 달이 쳐다보며
아--니 저런 몹쓸 것들 너무 어둡습니다

벌레들은 슬프게 장미 밑에서 울어 댑니다
태양 떠오르면 장미 태양에게 손짓합니다

장미 가시 없었다면 많은 사람들
상처 입지 않았을 텐데
나이 드신 분 장미 꺾으려다
피 빨아 드십니다

아—니 저런 못……
하며 구름 사이로 사라집니다

작년일 기억하고 싶지 않지만 언제쯤 지워질까
젊은이가 장미 무턱대고 꺾으려다
피 너무 많이 흘리자

장미 밭을 쑥대밭으로 만들어 버렸지요.

나는, 내 소리를 읽었네

나는, 내 소리를 읽었네
시간 오랫동안 지나고
귀를 열고 소리를 듣기 위해서
들추기도 힘든 몸을 이끌고
누군가 손을 잡고 길을 안내한다

삭풍이 불어온다
거기에는 낯익은 소리와 함께 한다

내가 소리를 잃기 전
소리를 내었을 낯익은 그 소리
바람은 소리를 찾아
내 앞을 스친다

놓치고 싶지 않은 그 소리
나의 목소리
바람은 어디서 내 소리를 찾았을까?
나는 바람이 오는 방향에서 발 떼지 못한다
내 소리를 읽기 위하여.

은하수들에게 얘기해줘

세상에 태어나서 갈 곳 없어 방황하며 살았었어
피곤했던 나의 인생
누구를 원망하고 싶지 않아
초원을 헤매며 의지할 곳 없어서
그래도 낯선 모습들이 모여 있는 곳은 더 이상 못 있겠더라고
엄마, 아빠 헤어지고 나를 감당할 수 없었던지
멀고도 먼 시골로 보내졌을 때

어린 나이 유토피아 기대하며 왔었는데
낯선 의부 형제들은 무엇이 그렇게 분했는지
배고픔과 학대를 견딜 수 없더라고
산과 들을 뛰어다니며 통곡을 하고 소리쳐 원망도 해봤지만
모든 걸 포기하고 하늘 바라보며 날 데려가길 원했어

그래서 은하수들에게 부탁하는 거야
밤에는 자유로울 수 있을 때 별을 보며
나의 작은 가슴 달랬었어
그런데 말이야 나의 기억은 아프고 고통스러움으로
채워져 있는데 위로해줄 사람 한 번도 못 만났지
그래서 부탁하는 거야 갈 길 헤매이지 않게.

향기로운 꽃잎은 음악소리에 젖어

작은 바람 소리에도
꽃잎들은 음악소리에 맞춰
강변을 훑고 지나간다
연인들은 표류해가는
꽃잎들을 모으고 또 모아서
잃어버린 사랑의 아름다움

음악과 함께 고이 모아
강변을 유심히 바라보는
그리고 고별하려는 연인들
그들 사이에 모아 놓으면
향기의 모습이 아름다워
노랫소리가 그리워지는

옛사랑의 추억으로 되돌아가고
강을 거슬러 올라가는
뱃머리에 인어가 되고 싶어하는
작은 소녀의 목소리
별들의 합창소리 들리고
떠내려 오는 뱃머리에

사람이 되어 사랑하고픈
인어의 절규에 찬 노랫소리
음악은 꽃잎에 묻혀 허물 벗기는 소리

사랑의 노랫소리.

독백

시인은 죽어야 한다
그래서 독을 찾아 헤맨다
하늘과 땅 그리고 세상에서
독을 찾으려 하지만
시인의 눈엔 독이 보이지 않는다

고통의 가슴앓이를 하며
잃어버린 기억의 망망함 속에
세상의 모든 뒤끝에서
후각을 곤두세우며 밤길 헤매는
한 마리의 늑대처럼

시인은 독을 찾아야 한다
독을 찾아 시인이 된
그는 시를 써야 한다
이 세상 그 어디에도 없는
언어를 찾아
죽음도 삶도 없는
침묵 속에서.

나무를 붙잡고 나는 안녕하다고

나에게 안녕하냐고 묻는다면
눈물이 있느냐고 묻고 싶어
눈물도 없으면서 어떻게 울려고
슬퍼지면 어떻게 하려고

그렇게 얘기하겠지 안녕하다고
나무를 붙잡고 흐느끼며
나는 안녕하다고 슬프지 않다며
보고 싶은 사람이
어젯밤 잠시 들렀다고.

어젯밤이 너무나 그리워서
나는 안녕하다고 울고 싶지 않다고
믿음직한 나무를 붙잡고
내가 떠나거든 아쉬워하지 말라고
나는 그렇게 얘기해야지.

사랑하는 사람이여

내가 사랑하는 사람은 어디에 있나요
젊음은 짧았고 기억할 수 있는 건 오직 당신뿐

사랑하는 사람이여 소식이라도 알게 해 주오
할 수 없이 내가 당신을 떠나왔지만

내 피가 끓고 가슴 저려올 땐 불타는 마음이오
당신의 피아노 음 율은 내 가슴속에 머무는데

정결한 피아노 음률은 다시는 못 듣겠지요
아름다운 목소리 멋진 몸매 그대로 있겠지요

매일매일 당신 생각하며 정원을 걸을 땐
내가 어찌 눈물을 참겠소

당신을 만날 수만 있다면 손을 잡고
바다처럼 하늘처럼
이 넓은 그리움 사라질 텐데

애처로운 내 가슴 사랑하는 당신

이 넓은 세상에서 어떻게 찾는단 말이오

나는 많이 변했지만
당신 모습 그대로 일 텐데

밤이면 피아노 오— 아름다운 선율이여
당신을 한 번만이라도 볼 수 있다면……

기억에 남기고

푸른 초원 바라보면
파란 바다 사이에
새롭게 태어나고 싶은 마음
떠나는 모든 것 아쉬운 줄 알았는데
그립고 슬픔만 남아

앞서 떠났던 기억들
행복한 미소 지으며 그들은 떠났지만
슬픈 나의 기억 떠나지 않았음을 알았네

푸른 초원과 파란 바다는
미소도 아쉬움도 아닌 그리움 같은 것
초원에 누워 있어야 하는지
푸른 바닷속 아주 깊은 곳인지

마음은 바쁘고 몸은 서 있는데
깊은 아쉬움 하나
미래는 그려볼 수 있는데

소년의 지워져버린 꿈처럼

나 그곳에 되돌아갈 거야
푸른 초원 파란 바다
기억에 남기고.

젖은 비

가볍게 창문 두드리는 소리
젖은 비 슬프게 내리고 있네

그 혼에 묻혀 고요한 모습
오랜 세월 젖은 몸으로 살아왔네

깊은 밤 새하얀 커튼 열어젖히고
내 마음 밖으로 뛰어가고 있는 모습
향 깊은 잔솔 같은 비의 향기
열어 놓은 창문으로 모조리 들어오네

하늘과 땅이 알고 있을 내 마음
바람, 비, 하늘 너무 향기로워
슬픈 사람만이 마른 옷 입고
소생하는 모든 것처럼 나 소생하고 싶네

흙 속에서 그곳 머무르는 것들의 대화
가는 비와 함께 조용히 세상에 나와
내 영혼 비바람에 실어놓고
잃어버린 비의 향기 어둠 속 몸 감추고.

돼지의 향기

살아 있는 기억 버리고 싶은 것
몸부림과 죽음은 뼈저리게 느꼈고
더러워서, 지금은 소고기도 안 먹는데
시골로 쫓겨 가듯 얌전히 초원 생각하며 갔는데
세 번째 부인 오던 날 돼지 잡던 날
더러워서, 그날 밤 나는 돼지고기 한 점도 못 먹었어
짧은 생 마쳤지만 네 번째는 왜 모시고 오지 않았는지
어느 날 밤 친구와 골목길을 걷고 있었는데
누군가가 치고 있었던 "엘리제를 위하여"를
친구에게 이게 베토벤의 "월광곡"이야 라고 했을 때
친구가 고요하게 들려준 얘기 이건 "엘리제를 위하여"야
나는 조용히 피아노 소리보다 그 소녀가 보고 싶었지
모든 사람 나에게 용서해달라고, 듣고 싶지도 않은 얘기
참, 시골 어느 집 웅성거려 놀러 갔는데
돼지 잡던 날 누군가 나에게 썰어준 기름기 많은 생고기 한 덩어리
몇 시간 동안 고소하게 우려먹던 내 입안의 행복
생각하면 할수록 더러워서
세상 말미에 와서도 하는 거짓말
차마 더럽단 말 하지 못하고
삼겹살이나 먹으러 가야겠네 한 번도 안 먹어 봤는데.

나이아가라에서

소녀의 여린 손에 떨어진 공은 낮은 곳을 찾아 굴러가고
손에서 공이 떨어지는 순간 소녀가 공을 집어 올리기엔
어디로 굴러갈지 몰라
나는 땅에 부딪히는 작은 소리만 기억한다
(고독)
올망졸망 여기저기서 모여든 것들은 금세 친해져
우리처럼 어디로 흘러가는 줄 모르고 재잘대며 흐른다
그들 중 몇몇은 종착역의 이름도 기억한다

그리고 어둡고 고요한 호수의 고독을 뼈저리게 느낀 녀석들
샛강으로 몸을 숨기고 떨어지는 것들은 침묵하며

모두가 그렇진 않지만, 갈림길에서 재잘대던 녀석들
강의 그 끝이 와도 천연덕스럽게 떠들어댄다
나도 그런 때가 있었으리

누군가 조용히 속삭인다. 물방울 세지 말라고
(정경)
강 끝이 오면 어느 곳이든 밑으로 추락하기 마련인데
그들은 밑으로 추락하여 용광로 같은 소리를 낸다

어떤 녀석들은 놀란 나머지 불의 끝머리처럼
끓어오르는 불길 그 끝 연신 날름거리다
어느 순간

그들은 되돌아 그 벽을 타고 싶어한다

세상에선 이루어질 수 없는 것이 많다
폭포 밑 잔잔함에 마음을 얹고
회돌이 하는 놀란 녀석들 반복하며 회돌이 한다.

비 내리던 날

내가 사랑하는 사람은 그리움에 젖어
영원히 내 마음속
빗속에 우산도 없이 걸어가는
아름다운 꽃잎이 되어
영원히 변치 않는 나의 추억이 되었다
추억은 그리움에 젖은 눈가를 훔치며
보고 싶음에 모든 걸 버리고

내가 기억할 수 있는 그때 그 순간들이
나의 삶 모두인 것을
헤어져 낡아 향기를 잃은 꽃잎이라도
내 가슴속 가득히 담아
내 평생 그리움에 젖어 살아갈 텐데

꿈속에서라도 단 한 번 향기에 젖은 당신 모습을
볼 수만 있다면, 볼 수만 있다면
비에 젖어 영원히 추위에 몸부림치더라도
나의 꿈들은 저 먼 산 너머로
모두모두 날개를 달 수 있을 텐데
이 세상 모든 것을 품에 안고 살아가며

그리움은 제자리를 찾아
방황하지 않을 텐데.

저 울고 있어요 봐주세요

동정 어린 눈빛으로
저 봐주시기만 하세요
저는 눈물을 흘릴 수 없는
환자예요 너무나 슬퍼 눈물 흘릴 수 없어요

아무도 그 아무도 보지 않는 곳에서
피눈물을 흘리고 싶어요
헌혈들 많이 하잖아요
저도 헌혈할 만큼의
피는 나올 것 아니에요

제발 그렇게라도 울게 해준다면
신이여! 내 모든 것 바치고
세월 흐르고 빈자리 메우며
세상을 변화시키면서 미소 짓게 하면서
왜 저 하나 슬픈 마음 작은 마음
고치지 못하세요 울고 싶어요

아니면 눈물샘이라도 고쳐주세요
마음으로 그만 울고 싶어요
동정 받기 싫어졌어요.

나 떠나고 싶어

결국 떠나버렸구나.
아무것도 남기지 않고
작은 그 가슴에
흔적도 없이 모두 쓸어 담고
어느 방향으로 떠났는지
허전해서 견딜 수 없어
밤새 몸을 뒤척이며
수면제라도 잠들지 못하는 밤.
외로움은 그 무엇보다
고통스러워 그리워
떠날 때 함께 떠날 줄 알았는데
모습 낯설어 보이고 허무한 마음
기억마저 가지고 갔는가
되돌아오는 길은 기억할 수 있을까
그 길마저 사라져버릴 것 같아
혼란스러워
나 떠나고 싶어 어느 방향이든
작은 가슴에 쓸어 담았으니
기억 지워버리기 전 떠나야지.

세상 들고 뛰는 것

텅 비어 있는 것 같은
안개 속 그림자 서쪽

끝까지 인생 다 채울 때까지
그런 욕심이지만

험한 순간 수없이 보내게 했던 지난날
지금도 똑같은 마음 알았을 때

아무리 가슴 파헤쳐도
나오지 않는 눈물

이래서는 안되지
더 어두워지기 전에

집 도착 하려면 달려야 해
너무 많이 변해 있는 것

살포시 열어볼까 하다가
암흑 속에 묻히게 생겼네

뛰어야겠다 세상 들고
뛰어가 집에서 봐야겠다

그 후 무엇인지 알 수 없었다
세상 안에 들어있는 것.

목소리

나지막하게 얘기해주세요
속삭여줘도 괜찮아요
모두모두 알아들을 수 있어요
건네오는 말은 내 가슴에 금방 닿지요
달콤하고 사랑을 속삭이듯 하면 더 좋은데

곱고 고운 노래는 말의 높낮이처럼
사랑스러운 말이 될 수도, 너무 높은 음의 노래는
우리 마음 산만하게 하지요
사랑의 밀어처럼 얘기를 주고받을 수 있다면
그 이상 무엇이 더 필요하겠어요

항상 오늘이 마지막이 될 수 있다는 생각을 하며
세상을 살라는 생각 깊은 스승들의 얘길 들어봤죠
마지막 날이 될 수 있는 서로가 서로에게 주는
선물이 될 수 있기에 아름다운 생각하면

고운 말은 꽃향기 같아서
듣고 또 들어도 즐겁지만
사랑의 밀어가 될 수 있지요.

새로 시작하는 것들을 위하여

부서져 허물어진 나의 꿈을 바라보며
언젠가는 다시 세우리라
새롭게 이루고 말리라
나의 꿈 한 가지는 세워 놓았는데
너의 말 한 마디에 이렇게
힘없이 주저앉아 버리다니
다시 나의 꿈을 이루려 하는 대신
나 너에게 무릎을 꿇어야 했다
그리고 슬프게 용서를 빌어야 했다

내가 이루어 놓은 것 모두를 바치고
그대에게, 가여운 그대에게
눈물을 흘리며 용서를 빌어야 했다
무슨 일이 있어도
용서를 빌지 않아도 될 정도로
흩어져버린 세상 위에 다시 세우리라
고통스러운 나의 몸을 이끌고
나는 다시 시작하리라
내가 평생 꿈을 꿔왔던 것을 위하여.

가을 속에서

가을이 오면 나만을 위한 잔치를 한다
그 누구도 이 잔치에 초대하고 싶지 않다
숲으로 들어가면 향음이 나의 온몸 젖게 하고
오색찬란한 것들, 저들도 잔치를 위하여

기억에 얽혀 있는 것 또한 모두 버린다
오직 가을에만 잔치를 해야 하는 마음
그래 아무것도 생각하지 말아야지
그것이 나만이 즐길 수 있는 잔치이기 때문이다

숲 속 더 깊이 들어가면 우선 아름다움에 감사하고
일 년 동안 하지 말아야 했던 행동들 나는 얘기한다
생각하지 말아야 했던 것까지도
그들 앞에선 속일 생각이 없다
속죄를 침묵으로 받아주는 것 고맙고

그들은 모두 모두 낙엽에 묻혀 바람을 부른다
잔치가 끝나고 밤이 어두워지면
그들에게 감사하고 함께 가을 노래 부른다
낙엽은 빛을 받아 길 안내하고
내년에 올 때에는 아름다운 얘기만 하련다.

자화상

나 구겨지고 많은 때 묻었다
지워버리고 싶은 순간은
죽음이 가려줘도
모습 화려하게 남는다
한때 기억상실 환자였을 때처럼
되돌아가고 싶은 마음
누군가 거칠게 지나쳐도
항변하지 않는다
변명은 낡은 나의 기억에 남고
진실한 말도 그들에겐 비웃음뿐
질시는 내 영혼 속에 스며들고
세상은 순수함을 잃었다
영원히 변치 않는 꽃향기
이렇게나마 하는 한 마디
이것이 나의 자화상인데.

나는 기억상실 환자였다

집에서 한 번 쓰러지고 퇴원할 무렵
다시 쓰러지고 또 깨었다 다시 쓰러지고
결국 심장내과에 입원되었는데 그때까지는
병원에 누워 있다는 생각은 하였지
24시간 감시하는 여직원 하루 세 번씩
지루하게 내 옆에서 지키고
손이 결박당하고 있다는 것을 깨달은 순간
매일 날짜와 요일과 내 이름을 물어보는 의사
아무것도 생각나지 않았다
며칠째 입원했는지는 모르지만
의사 네 명이 날 돌보았다는 서류를 보고 알았어
억지를 부려 더 이상 병원에 있을 수 없다 했다
아무런 기억이 생각나지 않았지만 눈앞에
벌어지고 있는 현실은 바쁘게 돌아가고
그런 기억은 기억 속에 저장되었다
나를 간호했던 영어가 능통한 조카가
병원에 있었던 일들을 열심히 얘기해주는데
그 소리 들어오지 않고 옛날 기억이 지워져버린 것에는
다행이라 생각했지만
몇 달 후 서서히 기억은 되돌아왔으나

그 후 오랜 세월이 흐른 다음 우연히 작은 일부터 시작하여
파헤치자 여러 가지가 잘못되어 있음을 알았다
지금도 현실을 깜박깜박 잊어버리는 일이 있다
그런데 기억하고 싶지 않았던 옛날 기억은 또렷하게 생각났으나
최근에 있었던 일은 기억하기가 힘들었다
그러나 마음 아픈 일들이 책더미처럼 쌓여지고
말하기도 싫은 얘기, 욕망의 얼굴 내밀며 싱싱하던 꽃잎들.

제2부
고목

바다가 움직일 때

바다가 한쪽으로 기울면
태양도 기울어질 줄 알았다
도시도 기울어지고
내 몸도 기울어질 줄 알았다
바닷물은 앞에서 밀려가고
되돌아오곤 했다

어부들은 기다림이 있었는지 모르지만
바닷물이 되돌아올 땐
새로운 소식 하나쯤 가져다줄 줄 알았는데
그들은 빈손으로 왔다

하기야, 내가 빈손으로 보냈는데
바다가 한쪽으로 기울 땐
태양도, 모든 것도 기울 줄 알았다
다만, 출렁이는 내 가슴보다는
기울림의 파장이 적었다.

양파 밭의 기억

시골로 쫓겨나다시피 달려왔지만
처음 점심 도시락을 먹지 않아도
아무렇지도 않았는데
시간이 지나면서 옥수수 죽이라도
얻어먹었으면 하고

근처를 서성이다
그것마저 못 얻어먹었을 때
달리기 선수로서 연습하면서
나는 배고픔을 느끼기 시작했다
학교 근처의 양파 밭
양파를 캐 먹다
친구 한 녀석이 선생님께 일러 바쳤다

선생님은 아버지 친구 분이셨는데
그렇다고 손바닥을 내리치는 시늉은 했지만
60명이 넘는 친구들 앞에서 여학생들 앞에서
나는 숨을 쉴 수가 없었다

선생님 말씀, 누가 너를 배고프게 했느냐고

나는 아무 말을 할 수가 없었다
입에서는 냄새가 진동하고
나는 지금 생각해보면 양파 밭 근처에 서 있다.

별의 영혼

밤에 빛을 노래하는 수많은 별들이여
앞을 볼 수 없어 방황하는
내 영혼의 길잡이가 되도록
별 하나만 빌려주소서.
내가 가고픈 곳이 어디던가
내가 보고 싶은 사람이 누구이던가
별들은 어둠이 짙을수록 반짝거린다는데
별들이여, 내 영혼 갈 길 더듬게 하지 마시고
별 하나 빌려, 내 마음 그늘진 구석
은빛으로 채워주소서.
웅크린 채 얼어붙어 방황하는 내 영혼
별 하나로는 아니 별 두 개라도 채울 수 없는
넓고도 넓어 빛이 비추지 못할 것 같은
아직은 살아 있는
나의 간절한 소망 나의 영원한 꿈의 노래.
별 하나가 아니더라도
작은 빛 한 줌만
꿈결에서라도 이룰 수 있도록 빌려만 준다면
훗날, 나의 모든 것, 나의 가장 소중한 것,
모두 버릴 수 있는데.

강물 위의 종이배

겨우내 얼었던 산속의 수분들이
빛이 지나는 순간 녹고 녹아내려
계곡을 타고 흘러내린다
소나무 뿌리 밑에서도 바위 밑에서도
계곡 사이사이 흘러내리며
산 밑에 내려올수록 커다란 계곡에 모이고
작은 강물 되어 졸졸거리며 흘러내린다
또다시 흘러 내려가는 낮은 시냇물
나는 강 제일 윗부분에 종이배 띄우고
내 영혼을 배 위에 실어 보내고
소리 죽이고 흘러내려 갈수록 강폭이 넓어진 곳에
한데 모여 나의 영혼을 실은 배도
종이배도 멈춤이 없는 강물 위를 떠내려간다
내 마음 뜨겁게 타오르며
흐르는 강물은 타는 불덩이 하나 싣고
끝이 보일 때까지 타오르는 젊은 청춘 싣고
세월 흐르듯 흐르고 또 흘러간다
강 그 끝이 보일 때쯤 타는 것들은
더 이상 태울 수 없음을 알고
강인지 바다인지 분간할 수 없는 곳에서
회돌이하며 바다가 되고 강이 되어 타버린 종이배.

사랑은 불 속에 뛰어들고

우리 서로 빨리 가까워지려면
어떻게 해야 해!

조용히 그녀에게 물었다
예상외로 그녀는 다정히 대답한다

시간이 지나야 해요

내게서 그녀에게 사랑한다는 얘기는
나오지 않았다

그녀도 아직 좋아한다는
얘기도 하지 않았다
오랜 친구이고 싶었으나

우리가 서로 알고 지낸 건
얼마 되지 않았다
친구가 소개해준 그녀는
말이 적었다

시간이 지나야 한다는 얘기가
불쑥 튀어 나올 줄 몰랐다

시간은 좀처럼 지나지 않았다
공부할 시간조차 짧은 시절.

고목

잎을 피우기 위하여
고목은 소리 없이 운다.
소리 없이 부른다.

오랜 세월 말없이
그곳을 맴돌던 나의 영혼처럼
목마른 눈물이 없어도
목이 말라 가슴이 아파도
고목은 우리들이 했던
이야기를 모두 기억한다.

목마른 눈물이 없어도
잎을 피우기 위하여
고목은 나를 찾는다.
그리고 지난날을 이야기한다.
나는 슬퍼도 눈물이 없다.

슬픈 이야기를 해도
나는 안타까울 뿐이다.

언젠가 너의 목마름에
누군가 슬피 울며
너에게 눈물을 뿌려주리라.

새파란 푸른 잎을 피우기 위하여.

꽃 구워 먹었네

길을 떠나는 나그네도 배를 채워야
걸을 수 있지 않겠나 힘, 그래 힘이 있어야겠지
옛날 어느 부잣집 담 안에서
고기 굽는 냄새 참 희한하데
그날 주인어른 위하여 소갈비 구웠다네
이글거리는 숯 불고기 떠나고 불만 남았네
대문 없는 집 고기 굽던 숯불 아직도 살아서
옆에 껍질째 쌓아진 파 뭉치들 헤치고
굵고 하얀 놈만 골라 숯불 위에 구웠어
냄새 참 희한하데, 향기로운 꽃 냄새나네!
이리 뒤집고 저리 뒤집고 있는데
밤색으로 고소하게 구워지던 때 인기척 느꼈지
집 주인 한번 먹고 싶다 해서 뜨거워 가슴처럼 뜨거워
손으로 집어내지 못하는데 그 집 어른
집게와 쟁반 준비해 왔다네, 참 희한하데
소고기 배불러 구운 파 곱게 바쳤지
처음 곱게 구운 하얀 부분 너무 빨리 먹고 싶었나 봐
뜨거워 뜨거워를 연발하며 파 허리쯤 잡고
굵은 제일 앞부분 입에 넣었나 봐
얼마나 뜨거웠는지 고소했는지 입을 데우고

아예 숯불 옆에 앉아 파를 까고 있었어
제길, 잘 먹으라 하고 자리에서 일어났어
참 희한하데 고소한 냄새 꽃 굽는 냄새

나는 바람인데

내 모습 보이지 않아 안타까운 마음
수없이 거울 앞을 스쳐도 꽃 그림 액자 한 개
영원히 바람이고 싶어했던 영혼
나 태어났던 곳 방황하며
소년 걷고 또 걸어 밤이 이슥할 때처럼
누군가 내 이름 크게 불러주길 바랬는데
당황하며 짙은 어둠 속의 두려웠던 때
심장소리 점점 작은 새 울음소리 들었지
항변할 수 없었던 세상
반항할 수 없었던 수많은 거친 손
그래 바람 되고 싶어 불에 태울 수 없음 알았지
형상 변할 수 없음 알았지만 그래도 보고 싶은 나
옆으로 낮게 누워버린 코스모스 그 향기
갈대 뿌리까지 누워버린 그 분노 위하여
나 바람인데 밤마다 뒤켠에 울부짖던 대나무 숲
한 줌 재가 되고 물이 되어 바다 위에 있는 나
너를 보고 싶어 햇볕 몸 말리고 가볍게 가겠네

어느 여인의 방문

한 여인이 쓰러져가는 나의 방으로 찾아왔다
무슨 아쉬움이 있어서인가
코스모스 몇 송이 핀 것이 전부인
쓰러져가는 나의 정원

나는 몇 송이 코스모스 중
시들어가는 꽃송이와 닮았다고
얘기들 하지, 잊혀져버린 오랜 세월이지만

같이 살아야 하는 고통은
음률이 있고 높낮이가 있는 법
우중충한 세월이 흐르고
햇볕이 다사로워질 때쯤

양복 입고 비단옷 차려 입은 코스모스 같은
모습 감추며 살고 있는 향기로운 세월
아름다운 형상이라 말한다면
그것이 사랑이라고 얘기할 수 있을까

잠들어 있는 기억

내 마음은 어중이떠중이
어느 나뭇가지에 앉아 있는 줄 모르겠네
잎이 없어 바람 수없이 새어가는
밤거리 어느 나뭇가지인지
집 뒤뜰에도 빈 가지 나무가 있는데

봄이 왔다 해도 거리 차가운 밤
무엇에 이끌려 나갔는지
저 스스로 홀로 있음을 참지 못하고
밤, 도시로 향했을 내 생각일 뿐

나 태어났던 집 살구나무 가지에 앉아
서럽게 울고 있는지
밤마다 빨갛게 세워진 나무 위에 앉아
내 마음 행방 알 수 없듯
기억은 어느 날 널 찾아 헤매다
도시처럼 생긴 도로 위에 쓰러져 있네

낮은 강물의 전설

낮은 강에 내 몸을 맡기고
물이 되고 싶어
강물이 되고 싶어
꿈에서 보았던 아름다운 곳
내 몸이 물이 되어
흘러내려가기 시작할 때
많은 작은 돌들의 형상에 부딪치며
작은 아픔을 느껴야 하는 줄 몰랐어
낮은 소리는 합창이 되고
향기로운 꽃과 함께 흐르던 작은 강물

강에 몸을 맡겼던 나를 사랑하고
세월이 흐르면 전설이 되겠지만

사랑할 때쯤 쉬지 않고 울어대던 아기 울음소리
낮은 강물은 쉬지 않고 울어대던 아기 울음처럼
어제도 오늘도 내일 또한 흘러가겠지
낮은 강물의 전설이 되어

따뜻한 밤의 추억

조각조각 부서지는 영혼
나의 꿈은 풍선처럼 커지고
아프게 하는 것 무엇일까
굳게 닫힌 대문 힘겹게 흔들어봤지만

눈보라는 왜 그리도 아름다웠는지
노오란 따뜻한 방 같은 불 꺼지고
설마설마 했던 나의 영혼이여
어둡고 어두운 밤 나를 볼 수 없었던

되돌아설 때의 그리움은 삶의 향기였네
눈보라는 꽃으로 변하고 향기 찬연했네
마음은 푸근하여 따뜻한 엄마 가슴은 지워졌고
차가운 바람은 봄에 서 있는 듯 따뜻하였네

잠자리를 찾지 않아도 너무 늦은 시간
조금 더 걷든지 웅크리고 앉아 있으면
태양은 떠오를 텐데 구름 비켜주겠지
풍선 터지는 소리 잊을 수 없어 아름다운 소리

어디서 잠들었는지 십자가 주인처럼
나 그곳에서 얼어 있었네 두 눈 움직이고
발끝과 손끝이 갓 태어난 애기처럼 불타는 빙하
굳게 닫혔던 대문 흔들어대던 아픔
너무 추웠던 구정 전 날 밤
영원히 지워지지 않는 죽음 같은 밤

세월을 저에게 주시겠다고요!

세월 내가 가지면 뭘 하겠어요

필요한 사람에게 주시지요

가을 같은 계절이라면

정성 가득 담긴 계절이라면

바라보면 파란 새롭고 아름다운 세상

모두 아름답게 보여도

억만년 거슬러 올라가 보고

억만년 훗날 바라볼 수 있다면

가슴 떨리는 세상이겠지요

저는 이것도 감사하게 거부합니다.

꽃은 아무렇게나 시들지 않는다

수많은 시간 용서를 외치고 다녔지만
진정 진실이 아닌 용서였다면
세상 끝을 향하여 달려가며
점점 말라가는 육신인들
내 어찌 미소 짓지 않겠소

무엇이 옳고 그르며
어느 길을 선택해야 할지 몰랐다 치자
그렇게 우둔하였던가
내가 사람인데, 생각할 줄 아는 사람인데
네가 사람인 줄 깨닫지 못하고

세월을 그렇게 많이 허송하고서야
지난날을 생각하며
두 손으로 얼굴을 가리고
진실을 두려워하며 살아왔던 수많은 날

짙은 향기의 꽃 한 송이를 가슴속 깊이 선물하고
꽃을 위하여 아름다웠던 날 기억하며
나는 꽃과 함께 시들어가련다
아무렇게나 시들지 않기 위하여

강변에서

강물은 물 흐름 멈추고
고요함 속에
연주가 아름답게 시작되고
그들은 귀 기울이며

두 손 잡은 연인들은
연주가 시작할 때쯤
강물은 고요한 달빛 받아 어둠을 삼킨다
밤의 도시는 애잔하게 들리는 소리에
세상의 모든 고요함을 쓸어 담고

강물은 서서히 물 흐름을 시작하며
고요한 소리의 강물
흐르던 소리를 감출 수 없어
노랫소리, 소리는 밤하늘을 더욱 고요롭게 한다

꽃 한 송이

홀로 피어 있는 꽃이지만
바라보는 눈길이 없어서
꽃잎은 땅을 향하고
그래도 나를 꽃 피우게 한
흙을 바라보며

고맙기는 하지만
원망스럽기도 하다
누군가 꽃씨 하나를
땅 위에 던져 놓고

자라든 죽든
그들의 기억에서 사라지고
밤이슬에 몸을 적시며
흙은 나를 안고 뿌리를 내린다

이슬에 젖은 흙은 가슴을 열고
나를 안아주었지
아무렇게나 꽃씨를 버린 사람은
영원히 망각의 세계로
꽃 한 송이 피어 있는데

푸른 하늘 보며

이불 속에서 몸부림치며 무엇인가 지나갔는데
아픈 몸을 더욱 아프게 하려는가
밖으로 나가 하늘을 바라보면
푸른 하늘을 보면 그래도 넌 내 마음 몰라
생각이 바뀌고 마음도 깨끗해질 텐데
그저 움직이고 싶지 않은 건가

이불을 둘러쓰고 잃어버린 시어 하나
기억할 만한 시들은 사방에 찾아봐도
추억이나마 있는가 시들의 언어 한 마디
그때를 기억하면 아픔뿐일 텐데

삶이란 그래서 고통의 연속일 수밖에
아무리 베풀어도 그때 그 순간뿐
사람들의 기억은 매우 단순해
자신이 잘했던 순간은 머무를 수 있으나
나머지는 후회와 원망뿐이지
살려거든 빛을 찾아 시를 써야지
어둠을 벗어 던지고 시를 써야지

꽃을 생각하며

무심코 길을 걷다가
아름다운 꽃을 보았습니다
꽃은 내가 가까이 다가서면 다가설수록
짙은 꽃향기는
내 온몸을 감싸는 듯하였습니다

너무 가까이 다가서지 마세요.
꽃향기도 어느 정도 거리를 두고
향기를 느껴야 꽃의 아름다움을 느낄 수 있어요
아름다움이란
눈에 비추어 가슴으로 느끼는
영원히 변하지 않는 향기도 있어요

꽃은 마음속에 맑은 향기를 주지요
향기가 없는 꽃도 너무 많아요
우리들 또한 땅에서 태어났고
땅속으로, 혹은 별나라로
여행을 해야 되겠지요
꽃을 생각하며

여행

여정이 풀리기도 전
파도처럼 밀려오는 고독을
두 손으로 얼굴을 감싸며
기억 속의 또 다른 여행길로 나선다

몸을 움직이지 않고서도
내 마음은 이미 짐을 꾸리고
그 어디에선가 나를 기다려줄 것 같은
얼굴들을 애써 찾아내려 한다

피곤한 몸으로
홀로 터널 끝을 나서며
다시는 오지 않겠다고 다짐했던
그때 그곳이 갑자기 보고픈 생각이 든다

땀 냄새와 웃어 주름진 친근한 얼굴들
주섬주섬 짐을 챙기며
벌써 그곳에 머무를 장소를 물색하였지
익히 알고 있는 그 길을 따라
또다시 떠나련다

사랑을 찾아서

젊은 베르테르와 버지니아 울프는
이곳에선 사랑할 수 없음을 알고
영원한 곳 찾아 나섰지만
그곳에 빛이 있든 어둠이 있든
막연하나마 영원한 사랑을 찾아
이별의 뒷얘기가
그들의 영혼을 감싸고 있는 줄 알고 있을까

또 다른 세계에서 그들은 사랑할 수 있을까?
나 또한 떠나고 싶어하기에 영원한 사랑을 찾아
수없이 많은 별들에게 묻고 또 물었지
누군가 나에게 건넸던 겨울 코트자락을
시간이 얼마나 많이 흘렀는지
기억할 수도 생각하고 싶지도 않고

한 번도 세탁할 수 없었던 우중충한 그림자
사랑스런 옷 걸치고
눈이 펑펑 쏟아지는 그 길을 걷고 있었지
내가 사랑하고 싶어 하는 그것을
영원한 사랑이라 말하고 싶어 하는 내 마음을
누군가는 이해할 수 있을까?

성가신 책들

나는 읽었다 2년 동안 두 번 몽테뉴의 수상록 읽었다
버스를 탈 때만 읽었다
정독하며 그래서 시간이 그렇게 걸렸다

그래서 어떠하단 말인가
책 한 권 읽었으니
당신은 지혜로운 사람이 되었는가
두 번째 읽다가 버스 차창 문을 열고
던져 버리려 했었지

지식을 다른 사람에게 양보하고 싶었다
울고 적당히 닮은 책은 울고 있었다
차마 버스 창문으로 던져서
그들에게 지식과 지혜를 주고 싶었다

나는 틀렸다 책을 읽고서도 한 구절도 외우지 못한다
처음 구절도 모른다
나는 그저 책장을 넘기고 있을 뿐이었다

2년 동안 두 번이나 읽었으면서 아--참

알고 있는 내용이 생각난다 하지만
아무도 도움이 되지 않기에 나는 말하지 않으련다

그 책은 나를 따라 다니는가 항시 내 곁에 있다
성가시다 매우 성가시다. 태워버릴까
책꽂이에 꽂아 놓으면 너무 더러워져 버렸다
책꽂이에 있는 책들은 빛이 나도록 깨끗한데.

나의 영혼을 위하여

내가 너무 무심하였구나
품속에 껴안고 있으면 했는데
네가 가고 싶은 곳을 찾아
여행을 권하고 싶구나
나는 그동안 가을 속에 머물며
네가 돌아오면 낙엽놀이 해야지
나의 우울에 들려주던 그 노래도
바뀐 계절의 노래를 불러야겠지
네가 떠나면 함께 하고 싶지만
네가 없는 내가 무엇을 할 수 있을까
침묵하며 조용히 있어야겠지만
이곳저곳 산책하며
허물어져가는 육신을 위하여
병원에도 자주 다녀야겠지
네가 돌아와 내가 없으면
정원에서 산책하며 맑은 공기 마시고
나의 서재에 가보면
나의 영혼을 위하여라는
그 제목을 찾을 수 있을 거네

꿈(1)

10시간쯤 자다, 깨다 반복하면서
바위 끝자락 먼 곳에서 물을 타고
밑으로, 밑으로 미끄러져 내려갈 때
어디쯤인가 연못이든, 강물이든,
내 육신이 거기로 던져질 것을 생각하며
자다가 깨면서

잠자는 동안 바다처럼 넓은 물속에 빠져들어가
숨죽인 채 다시 떠오를 것을 기대하며
잠깐 놀라 깨어나
이불을 끌어안고 바위 끝자락 먼 곳에서
다시 밑으로, 밑으로

바다도, 강도, 연못도, 아무것도 나오지 않아
밤새 바위 먼 위쪽에서
한없이, 한없이
밑으로 미끄러져 가는 내 모습을 보고 있었어.

꿈(2)

짤막한 한 구절의 시를 써 놓고
난 그대가 오기를 기다리는 꿈을 꾸고 있었어
시골 어느 마을에 다가서자
맑은 호수가 다가설수록 빛은 더하고

그 빛이 사라졌다 나타나기를 반복하며
기다란 열차 소리는 고요한 호수 가장자리에
소리만큼이나 큰 시를 쓰고 있었어
향기 그윽한 물과 작은 파도의 일렁임이
저 멀리 아스라이 보일 듯 말듯한데

한 채의 별장이 바위 위에 하이얀 모습으로
나에게 다가선다. 고요한 침묵 속에
내가 별장이라면
난 그대가 오길 기다리며

쓸쓸한 가을을
당신과 함께 낙엽을 태우며
행복한 이 계절을 품에 안았을 텐데.

상처(1)

가슴을 훑고 지나간 자리
방황하며 가슴을 채우려
아물지 않을 것 같은 공허한 곳
이해할 수 없는 클래식을

습관처럼 소리를 높이고
가슴을 열어젖힌다
아물어다오. 아물어다오
자국이라도 지워다오
상처를 지우려고 가슴을 열면
또 다른 상처가 엄습한다.

상처(2)

나는 나의 마음속에 있는 상처를 모두 모아서
태워버릴 불이 필요해요
태양빛을 이용해 태워도 태워지지 않아요.
그래서 나는 나의 육신까지도
태워버릴 수 있는 불을 찾고 있어요
상처를 태우면
내 마음도 타고 있을 텐데
내가 태양을 가질 수 있다면
상처투성이인 나의 두뇌를 잘라버리세요
상처에 또 상처를 받을 텐데
내 마음만 아프다고
상처를 태워버린다 한들
견디고, 참고, 홀로 눈물을 흘리는 상처가
또다시 찾아올 텐데
상처를 품에 안고
용서하는 법과 살아가는 법을 배워야지.

인어의 눈물(1)

골짜기 깊은 곳 산속에서
들릴 듯 말듯
오랜 시간 머물렀던 바람 내음에서
작은 비린내 같은 모습이 스친다
골짜기 물소리 청아한 소리 사라지고
누군가의 유혹이었을까
그칠 줄 모르는 흐느낌은
무심코 지나가는 바람에 묻혀

흐느낄 수조차 없는 산새들의
아쉬운 소리
얼마나 많은 세월
그곳에 머물렀는지 모르지만
그 누가 강으로 바다로
세월이 더 흐른 뒤
사뿐히 내가 옮겨줄 거나
어둠이 네 몸을 가려도
산이 네 몸을 가려도

인어의 눈물(2)

네가 어디에 있든
너의 슬픈 노랫소리는
땅에서도 강에서도
그 어디에도 숨길 수 없을 터
죽을 수도 살 수도 없는
통곡 소리만이
세상 모두를 사랑하고 싶어 했던
너의 작은 욕망이

너의 슬픈 울음소리로 변하고
누군가 안타까워한들
네 슬픈 모습을 감출 수 있을 터인데
밤이 깊어 새어나오는 빛이 있다 해도
아름다움과 신비로움을 위하여
바람이라도 잔솔바람이라도
이 밤엔 멈췄으면
너처럼 내가 슬퍼하지 않을 텐데

가출

어떻든 나는 자유를 찾았다
커다란 건물 백화점 이름 많이 들어봤지
전쟁터였다

손에 사든 물건 별로 없는데
사람들은 먹기 위하여 줄을 섰다
백화점은 점심 먹으러 오는 곳인가 보다

숨이 막힌다 맑은 초록 공기 마시다
빠져 나오기 위하여
몸부림치는데

돌면 거기, 거기가 계속 나왔다
전쟁터 같은 그곳을 빠져 나와 숨을 헉헉거렸다
죽는 줄 알았다.

사람 작은 곳에서 한숨 대여섯 번 쉬었다
핸드백 하나 들고 뭘 사러 나왔지
주머니에 돈 있을까?

도시 사람 점심 백화점에서 먹고
나는 공짜 음식 배 터져 버리라고 많이 먹었다
할일 많아 좋겠다
저렇게 바쁘니
호주머니에 구겨진 버스 값 있네!

제3부
물방울

바닷가에서

바다를 보면

출렁이는 물결이
나의 감정보다도 더 출렁거려

끝이 없는 바다를 보면

내가 죽을 때 바다에서
죽고 싶다는 생각을 한다.

바다에 죽어서, 바다처럼
영원히 출렁이게 되겠지만

바닷가를 걷다가
바다를 외면하고

사람들이 올망졸망 사는 모습을 본다.

화살

나는 별을 향해 화살을 힘껏 날렸다

세상 모든 유리가 깨지는 소리 들리고
나는 조용히 미소 지을 뿐, 고요는 금방 찾아 왔다

별 하나가 내 가슴을 파 먹고 사는 모습 더 이상
바라만 볼 수 없었다 낮에는 사라지고
밤에는 구름을 불러와 너를 가렸지만

나는 시간 얼마나 흐른 지 모른다
오직 네가 있는 곳을 향하여 연습과 연습했을 뿐
사랑하는 여인을 데려가 별 만들다니

너는 부스러졌으나 복수는 각오하고 있지
나 별 되면 내 여인을 찾을 수 있을까?
얼마든지 복수하거라, 방패도 있다.

아직 남아 있는 화살이 셀 수가 없구나
다음엔 아름답고 향기로운 꽃과 함께 보내 주리라

달이 부서지는 소리는 더욱 찬란한 소리일 터

나의 마지막 화살은 너희들을 볼 수 없게 하리라.

소녀의 그리움

가을철 낙엽을 태우면
그리운 사람이 생각납니다
외로울 때에는 낙엽을 밟으면
낙엽은 나에게 말을 걸어옵니다
보고 싶은 사람이 있느냐고 묻습니다

그리움은 슬픔 속에 잠들어
보고 싶은 사람은 불러볼수록 보고 싶은데
잡힐 것 같은 그 무엇을
그저 아지랑이의 향기라 생각하겠습니다

밤길을 외로움 속에 걷다가
마주 오는 어느 소녀의 모습을 보았습니다
소녀의 모습이 매우 아련해 보입니다
오늘도 나는 소녀의 그리움 속에 있겠습니다.

부적

굉음으로 내 귀청 하나를 떼어 놓는다

나에게 사랑과 삶을 가르쳐준 그 여인
음악 틀어놓는다
누군가 여기를 방문할지 나는 알지
낡은 부적 한 장이 향기를 내뿜는다

들어봄직한 음악은 나의 영혼 속으로 향하고
허물어진 내 집에 손을 들어 인사하고
나의 기억이 있는 곳은 다시는 가지 않으리라

영원히 강물이 흐르듯 강변에 서서
또 다른 향기를 목에 걸고
들어봄직한 음악을 위하여
시끄러운 굉음과
내 집 허무하게 사라지고

작은 내 방은 아름다운 형태로 남고
훗날 허물어지지 않는 작은 방에서 꽃을 피우기 위하여
씨앗을 고르고 있는 나의 형상이
부적 밑에 누워 있었다

여보세요

답답한 가슴 손으로 두드리듯 누군가 방문 두드리네
소리 들렸는데 누가 두드렸을까
다행히 아픈 날 지워져가고 있는데 누가 두드렸을까
문 열고 밖으로 나가 두리번거리는 그리움

오랜 시간 문 두드리던 사람 없었는데
어디 숨었을까 보고 싶은데
미워했던 사람이라도 나타났으면 하는 고독한 마음
내 가슴 두드리는 소리였을까
바람 잠깐 문 후려치고 사라졌을까

혹독했던 시련 가슴 두드리면 튀어나가 사라졌으면
두드리는 가슴 그 소리 아니었는데
겨울에서 봄으로 가는 계절, 계절이라 할 수 없는 계절
기다림의 소리였을까
아픔 지워지며 문 두드리고 사라졌는가

전화벨 가슴 섬뜩하게 다가오는데 받아야 하는데
아무 소리 내지 않았던 문 두드리던 소리처럼
침묵으로 얘기하면 더 외로워질 텐데
몇 번 벨 소리 울리는 전화 들고 여보세요! 여보세요!

이별의 미소

온몸을 활짝 젖히고 모든 걸 보여주었지
그는 하고 싶은 몸짓 아름다운 형상 남기고
때로는 알 수 없는 미소 지으며

분노처럼 메아리 되는 괴성을 부르짖으며
가고 싶은 꽃내음 진한 길 만들고
세상의 원망을 스스로 표현하고 싶었던지
죽음과 삶 그 사이에 머물면서

차마 떠나는 손짓 못하는

헤어지는 몸짓 그 마음은 이상한 형상으로
세상에서 들어보지 못한 음을 읊조리며
우리 모두는 그저 바라볼 수밖에
아무것도 할 수 없었다

우리 또한 죽음과 삶 속에 머물러 있으므로

양쪽에 아름다운 꽃 심었던 길
그는 이미 길을 아름답게 만들며 살아왔었지
우리 또한 그 길 따라 알 수 없는 여행을 해야겠지만

어둠은, 자리 비우고

보름달 어둠 가리고
내 마음 외로워
달 걸어 가는 길
터 벅, 터 벅

어디쯤이면
인기척 느낄 수 있을까!
기억 되살려 보는데

초막 집 불빛 환하네
달빛 좋지만 마음의 빛도 좋아
꽃 향기 날 듯한데 빛 유난히 밝아

두려움 많은 길 어둠 속
달빛 받아 맴돌고 맴도는데
"덜컥" 문 여는 소리!
몸 감추고
내 눈초리 한곳에 모여
아직도 여기에 머무는가!

세월 함께 흘러
나, 너 되고, 너, 나 되어버린
세월에게 다시 묻고 싶어

보름달 유심히 날 보는 것 같아
어디에 숨을까
어둠도 자리를 비우는가
꽃 향기인가 분꽃 향기인가
방 안에서 풍기는 낯 익은 향기.

물방울

물 한 방울이 내가 쓰고자 했던 노트 윗부분을 정확히 맞힌다
펜을 옆으로 옮기자 떨어지는 물방울 하나 더
세 번째 물방울이 노려보고 있던 노트 위에
탄환 소리처럼 가슴을 찢는다
그제야 내가 쓰고자 했던 글귀가 아스라이 기억 속으로 더듬어 온다
네 번째 물방울은 노트 가장자리를 적시고
소리 없이 노트를 접고 커튼을 걷어치우고 밖을 내려다보았다
소낙비! 그래, 소리 없는 소나기가 온 세상을 젖게 하고 있었다
순간 몸은 밖으로 뛰쳐나가고 있었지만
내 시선은 천장의 노란 부분을 정확히 명중하고 있었다
노랗게 물들어 있는 천장 가장자리에서
물방울이 쉬지 않고 밑으로, 밑으로
내가 움직이는 몸과 행동과 생각은 제각각 흩어져 분산되고
고지 위에서 소나기를 맞으며 명령을 기다리는 병사의 모습이
나는 이미 자신을 후회할 시간을 잃고
전투복으로 철모를 쓰고 무겁게 소총을 들고 고지 위로 뛰고 있었다
병사들의 젖은 옷 땀 냄새가 여기까지 풍겨온다
부하들의 움직임이 없는 모습에 안도하고

숨을 쉬어야 하나 잠시 쉬었다 쉬어도 되나
나는 할 수 있는 데까지 했다고 생각하는 순간
소나기는 멎고 발걸음이 지쳐 있는 육신을 감당 못 하고
소리를 죽이고 걸음걸이 상태로 돌아서는 순간
떨어지는 물방울 하나 나는
여기서 1950년을 마감한다

기억

울부짖음이
통곡이 아니라는 건
네 가슴을 열고
들여다보면

삶을 위하여
셀 수 없을 만큼
통곡하였음을

기억할 수도
기억할 필요도 없음을
결국 살아가기 위하여

지나왔던 날들의
안타까움을
참지 못하고 기억에서
내보내지 못하여

마음 한 구석에서
그칠 줄 모르거늘

밖으로 새어 나가지 못하여
가슴속에서
살아가고 있음을

꽃, 바람에 날리고

차가운 바람 서글서글했던 바람 밀어내고
꽃 한 잎 시들어 바람에 날리우는데
말라 너무 가벼운 이곳저곳 방황하는 꽃잎
쓸쓸한 계절 오래전 꽃들은 모두 떠났는데

묻혀진 사랑 속에 사랑의 아쉬움에 잎 마를 때까지
떠나기 싫어 꽃, 사랑에 머물고 싶어 차가운 바람
질투했나 봐 늙어버린 시인의 언어처럼
바싹 말라 있어도 꽃잎인데 향기 있을 수 있는데

그 시인의 추억처럼 첫사랑 기억이나 할는지
마른 꽃잎 주워 주름진 얼굴에 바짝 붙어대니
가녀린 향기 시인의 오랜만의 미소
사랑하고 싶은 마음 숨기지 않네, 할 수나 있는지

제 스스로 씨앗 되어 푸른 숲 속 서리 맞으며
숨어 있는 커다란 수박 한 덩이 나 웃음 지으며 들어올려
차갑게 이슬 맞아 더 싱싱하여 그 속 얼굴 대고
꽃잎 어디로 달렸는지 모르지만 차가운 수박처럼

내년엔 사랑 너무 거기 머물지 말고 수박처럼
감춰져 서리 맞은 수박처럼 활짝 짓는 미소 보고 싶네

울고 싶어요

목이 마르게 애타게
울고 싶은 적이 언제이던가
별을 보며
애타게 별을 그리워했지만
단 한 번도 울어보지 못하여

눈물샘이 말라
핏물이라도 뽑아서 울고 싶었지만
내 마음대로 되지 않아
그래서 별을 그리워하듯
한 번만이라도
옛날같이 폭포처럼 울고 싶은 그리움이 있어

누군가 그리워 울고 싶어도
내가 울지 못하는 것은
진정 그리운 사람을 위하여
오늘도 별을 헤아려보려 하네
보고 싶은 사람을 찾고 싶어

소리, 소리, 소리

맑은 마음 따뜻한 가슴 비어있는 마음
여름과 가을 사이 순수한 가슴으로 받아 들인다
뜨겁게 지냈던 여름날의 태양
정제되지 않았던 불순물 모두 태워 버렸다

잔잔한 푸른 바다 갈매기들 노래 부르며
배 한 척 항구를 떠나고 뱃고동소리 쓸쓸하다
여름을 보내고 가을 맞이하는 마음
나는 빈 손으로 어둠을 떠난다

푸른 잎의 시간 지나면 황금색 낙엽 볼 수 있겠지
떠나는 것은 슬프고 새로 맞이 하는 것은 기대한다
가슴으로 보내고 가슴으로 맞아 들인다
떠나는 배는 어느 섬으로 가는데

섬은 그저 고요할 뿐 배가 와도 좋고 오지 않아도 좋다
단지 몇 사람을 위하여 배는 바다를 가른다
텅— 빈 가슴들 쓰다듬으며
그들은 떠난다 섬을 향해 떠 난다
소리, 소리 내며 떠난다.

청개구리의 행방

가끔 아니야 자주 너를 볼 때가 있었지
넌 나를 닮아서
작은 몸집을 한 초록색 너
그 모습을 한 너에게
누가 소프라노를 가르쳐주었니

나는 그렇게 생각하고 싶은데
네 모습이 보이지 않는다
떠나는 그 무엇이든
나는 매우 슬퍼한다
모두가 떠나도 남아 있는 것이 있겠지

청개구리 귀여운 네 모습을
불러보고 싶어도
나는 정신이 이상한 사람으로
취급하는 그 사람들이 싫어서

나를 그렇게 하여 환자 만들어
묶어놓고 싶어하는 사람들이 있어서
떠나버린 것이 너만이 아닌 것 알지만

내가 떠나면 어디에 묻힐까
강변일까 바닷가일까

네가 떠나버린 흔적을 찾아

그 흔적에 묻히고 싶다.

도망자

목적지를 향해 도망 나왔으나
그들은 날 외면하였다
때 묻어 너덜거리는 옷과 찢어진 운동화를 보고
갈 곳이 없었다. 길은 비어 있는데
비겁했든 비겁하지 않았든 난 자유를 찾았다
균열 많은 동네를 피해
더 넓은 곳을 향해 도망치기 시작했다
도시는 나를 거렁뱅이로 만들어주었다
그들의 눈은 날카로웠다
눈빛은 강했으나 나에 대해 설명하지도 못했다
그들은 나를 그렇게 지루하게 내버려 두었다
거기서도 도망 나왔다
짧은 시간 안에 결정하는 곳으로 향했다.
그곳이 도시인지 시골인지 어중간한 마을이었다
그들의 결정은 빨랐으나 계산하는 법도 빨랐다
어린 젊은이에게 제 가격도 쳐주지 못했다
나는 또 도망 나왔던 곳으로 향하고

떠나야 할 때쯤

떠나기 싫어서 칭얼대는 것이 아니다
되돌아올 수 없음을 아쉬워하는 것도 아니다.
가는 길 굽이굽이 모두 기억할 수 없지만
여기까지 와버렸던 길, 기억 저편 밖에 있는 것 같지만
수선스러운 세상 헤매다 보니
내가 너무 오랫동안 머물렀던 탓이 아닐까
떠나는 것들의 아쉬움과 허물을 모두 벗고
방향을 찾아야 하지만
새싹 돋움을 찾아 떠나는 마음을 하고
꽃향기 그림자에 가리어 떠나는
산속 깊은 바위 속에 피어난 너의 미소처럼
토담의 양지를 찾아 분주히 헤매던 때
내 영혼에서 지워졌을 때가 아니더라도
영글어져 가는 꿈이 어렴풋이
거친 손등에 보이기 시작할 무렵
바람은 솔바람은 작은 조각들의
구름을 아름드리 뒷산으로 날려보내고
빛을 기대하며 토담에 섰던 나에게
그곳에 가도, 가지 않아도 아무런 상관이 없다 속삭인다.

바람의 행방

흐르는 강물에게 물어보아도
푸른 바닷속을 들여다보아도
너의 모습이 보이지 않는다
바뀌어가는 계절의 길목에서 서성거려도
계절들에게 너의 행방을 물어보아도
아무도 보지 못했다 하네
꽃들이 만개하는 계절이 오면
낙엽 지는 가을이 오면
차가운 겨울이 와 눈이 온 세상을 가려도
새싹 돋아나는 푸른 계절이 오면
그때쯤이면 너의 행방을 알 수 있을까?
한 마디 말 던지지 않고 말없이 사라져버리고
어디론가 떠나버린 너를 그리워하며
너의 행방을 찾아 함께하고 싶은데
네가 어디에서 무엇을 하고 있는지 너무 궁금해
결국 내 운동화 끈을 조여매고 너를 찾아나선다
너무 외로워 견딜 수 없어서 무작정 떠나련다
네가 어디에 머무르고 있는 줄도 모르면서.

빨간 나비는 한쪽 날개를 잃고

네가 빨간 나비인 줄 이제야 알았지
네가 무지개색을 하고 날고 있을 땐
너는 나에게 많은 생각을 하게 하였지

무지개 날개 빛.
그 빛이 너무 고와서
매일 쫓아다녔지
동녘이 빨갛기도 전에
너는 내 앞에서 날갯짓했었어
이슬 먹은 꽃밭에 앉아 있다
너를 따라 나섰지

그런데 말이야 너의 무지개색이
점점 엷어져 가는 느낌을 받았어
그랬었어
너는 기어이 네 색깔을 드러내고 말았지
빨간색으로 변하더니
날개 하나를 잃었니?
날갯짓을 하려 몸부림치다
펴지지도 않은 장미꽃 위에 앉고 말았지

너는 한 잎의 장미꽃이었나 보다.

사랑 할 때쯤

그 다음날 어젯밤에 왔던 여자 누가 가져갔는가
내 신경 날카롭게 서고 어젯밤 술값도 안 내고
일찍 자리를 떴던 놈 오늘 죽었다

고요한 침묵 그대 그 어젯밤 여자의 행방
데려왔던 놈이 데려가면 문제가 되지 않지
그런데 그런 적이 한번도 없었어 먼저 어제 여자
데려왔던 놈 연거푸 술 들이키는데 알만해

또 한 놈 침묵으로 술자리 김 빼기 시작한다
어젯밤 일찍 사라졌던 놈 미안하다고 한다
아버지가 오는 날이어서 빨리 가봐야겠다고 했어
대신 오늘 술값은 걔가 낸데
한 놈이 안주를 고급으로 세 접시 시킨다

그러면 어젯밤 여자의 행방은 말이 없는 놈이야……
너희 들 꼭 그렇게 놀래!
왜! 뭐가 어때서 두 녀석이 발뺌을 하며 덤벼든다
확실한 증거는 없지
설마 증거가 나온다 해도 할 말이 없어

여태 그렇게 해 왔으나 걔들 몇 일 못 가고
헤어져버려 병신 같은 놈들

다음 날 한 놈이 여자 한 명 데리고 왔다
힐끔힐끔 쳐다 보더니 그 뒤를 쳐다보지도 않는다
한 녀석이 열 받는 놈에게 소근거린다
저것도 여자냐 너…… 한번이라도 데려와 봤어
목소리 커진다 오늘 여자 없다는 뜻이다.

눈물이 나오지 않는다

소리 없이 펑펑 울고 싶은데
눈물이 나오지 않는다
눈물이 나오지 않을 때처럼 괴로운 순간은 없다
소년에서 청년 사이
나는 눈물을 너무나 탕진해버렸다

세상을 훨훨 날고 있을 때
날갯짓에 필요했던 눈물을 모두 소진해버렸다

무엇이 슬퍼서 무엇이 그리도 아쉬워서
그렇게 많은 눈물을 쏟아냈는가
메말라버린 늦가을 낙엽처럼
슬퍼도 눈물을 흘릴 수 없는 환자가 돼버렸다

가을 오후 바삭거리는 낙엽을 밟으면 향기로운 소리를 낸다
향기로운 소리를 들어도
내 마음은 왜 이토록 슬퍼하는 것일까?

떠나는 마음

모든 것을 벗어 던지고
새하얀 모습으로
함께하고 싶어하는 것이 있다
새로운 옷을 입고
한 번쯤 가보고 싶어했던
그곳을 향하여 내딛는 발걸음
아무리 작은 기대라도 하지 않았으면
가볍게 떠날 수 있었을 것을
네가 도착하여 하얀 눈밭에 뛰노는
토끼나마 네 눈에 보일까
모든 것을 벗어 던질 때
네 마음속 티끌 하나라도
함께 벗어 던지게 될 텐데
너를 맞아주는 건
세상에 숨어 있는 모든 것을 볼 수 있었을 것을
새로운 계절에 새롭게 떠날 땐
네 머리를 혼란스럽게 하는
작은 티끌 하나도 남기지 말고
세상에 숨어 있는 모든 것 보고 싶음도 버리고
누군가 자주 떠나는 건
벗어 던져 가벼운 마음을 하고 싶어서가 아닐까?

꽃의 그림자

바람이 스치면
그 행로를 향해 잠깐 움직인다
작고 짧은 움직임이어도
바람이 방향을 바꾸면 꽃들도 잠시 누워본다

태양이 빛을 주지 않으면
꽃들은 얼굴을 감추고
빛을 그리워하며
나는 종종 꽃 한 송이 든 여인이
바닷가를 산책하는 모습을 바라다본다

그 모습 그대로 아름다움이기에
바닷가를 거닐며 산책하는 여인이
한 송이 꽃이 들려 있으면
가까이 다가서고 싶은 마음
꽃의 그림자가 되어 있는 건
향기를 맡으며 꽃과 함께
그들은 행복해한다

꽃의 그림자이므로

떠날 때의 그리움

거기서 떠날 땐 알고 있어도 미지의 그리움
난 기나긴 밤을 세상 밖의 꿈을 꾸며 지냈는데
벌써 떠나야 할 시간이 되었다
아무도 마중 나오지 않아도
습관이 돼버려 아쉽지 않다
배웅을 받고 떠나지 않았는데
여기선 어느 시인의 배웅을 받아야 한다
만날 땐 반가웠어도
떠날 땐 눈물을 흘릴 수 없는 환자지만
마음은 그저 슬프게 그냥 놔두자
마지막 하룻밤을
모두는 즐겁게 잔치하는 모습들
시인의 모습만큼 늙어버린 표지들
나는 시집 한 권 가슴에 담고 가야겠네
그저 떠나든 머물러 있든
내 마음의 행방을 알아서 뭘 하겠어

사랑의 길

길은 여러 군데에 널려 있었다
난 어디로 가야 할지 모르고 망설인다
길의 끝은 있을 것이다
아니야 없을 수 있어
걷고 또 걸어야 하는 길
나는 일부러 곧은 길을 피하고

곧은 길을 걸으면 분명
힘든 길 나올 것 같은 생각
힘든 길 힘있을 때 이리저리 넘어져도
언젠간 좋은 길 나타나리라

나는 걷는다 험악한 길을
넘어지고 피 흘리며 걷는다
좋은 길 나오지 않는다
나는 넘어지다 못해
바위에 기대어 잠들어 버렸다

꿈속에서 사랑의 길을 보았다
아름다운 길, 꿈에서 깨자

더 이상 걷기 힘든 길 사라졌다
양쪽에 수북이 피어있는 코스모스
향기 맞으며 천천히 걷는다.

바람의 향기

난 너를 볼 수 없어도
네 향기에 묻혀 지낸다.
장소와 계절에 따라 향기는 변하지만
사람들이 모여 있으면
각자 마음의 향기를 맡고
네 마음의 향기 나는 항상 맡고 지내지.
누군가 길 모퉁이에 서서
초조한 마음으로 날리는 연기
네 자신의 향기가 아니지만
움직이지 않고 그대로 서 있으면
사랑하는 향기를 맡고 싶어
나뿐만 아니겠지.
여인은 가끔 향수를 뿌려
새로운 향기를 만들고
나 자신 또한 이름 모를 꽃향기를 맡고 싶어.
낙엽 타는 냄새도 그윽하여
가끔 가을을 생각해보곤 하지.
네가 가져다준 꽃향기들은 너무 다양해서
분별하기가 어려워,
너를 그리워하며.

여인을 위하여(1)

여자여, 이제 슬픔을 거두시지요
사람은 완벽하게 살 수 없지만
다시는, 그 언어가 거짓일지라도
여자여, 언어를 되찾으시지요
세상을 살면서 내 얘기, 남의 얘기
흉내 낼 수는 있겠지요

말을 잃고 소리를 잃고
때때로 보는 것조차 볼 수 없는
그러나 아름답게 살고 있는 한 사람 있더이다

눈물은 당신에게 아무 보상도 되지 못하며
여자여, 그렇게 눈물을 흘리다 보면
메마른 강바닥처럼
당신의 상처는 더욱 고통스러울 수밖에
슬픔을 거두고 돌풍이 몰아치는 바닷가에 가서
파도와 같은 표정을 지어 보아요
그리고 구름이 걷히고 별이 빛나면 하늘을 보시지요

여인을 위하여(2)

여인이여!
이제 이 곡 하나를 들어보시지요
당신을 위하여, 그리고 당신의 휴식을 위하여
이 음악을 준비해봤습니다
무엇 때문에 무엇을 위하여
그토록 분주히 세상을 돌아다니십니까
몸을 생각하셔야지요. 건강을 말입니다

여인이여!
나는 당신에게 당신이 해야 할 일들은
바깥에 있는 것이 아니고
집 안쪽에 있다는 걸 말하려 합니다
좁은 공간에서 움직이면
덜 피곤하지 않을까요
구석구석, 보이지 않는 그곳 말입니다
향이 있는 세제로 서서히 닦아보세요
물론 음악을 들으며, 커피도 마시고
신문에 실린 당신이 좋아하는 부분을 읽어보십시오
당신처럼 휴식 없이 방황하거나
이곳저곳 들르다 보면
고통은 찾아 올 수밖에.

여인의 마음(1)

가슴에 찬 응어리 감당할 수 없어
낙엽이 쌓인 숲 속으로 발길을 옮긴다
진한 낙엽 익는 소리가 들리더니
나는 문득 단풍나무에 기대어 곁가지가 되어 있었다

내 마음의 문을 열고 응어리진 내 가슴을 내 보인다

하얀 살결에서 풍겨져 나온 응어리는
숲 속을 향해 들어갈수록
조각조각 흩어지고
술 익는 낙엽 향기가 내 가슴에 차오르고
나는 웃옷을 벗어젖히고
숲 속으로 숲 속으로 낙엽 타는 냄새를 향하여
웃옷을 벗어젖히고 하얀 젖가슴을 드러낸다

영원히 숲 속으로
낙엽이 흙이 되어버린 숲 속으로
나도 낙엽이 되어 흙이 되어

가을이라는 숲 속으로 깊이깊이 걸어 들어간다

여인의 마음(2)

이미 시들어버린 꽃잎이지만
이불을 둘러쓰고
젊은 날의 꽃을 생각한다
나에게 환희를 주었던
수많은 남자를 하나하나 기억하며

내가 꽃이었을 때, 향기로운 꽃이었을 때
꽃향기를 내뿜으며 군중 속을 헤집다 보면
누군가 꼭 내 뒤를 밟았지
젖가슴을 내보이며,
유혹의 꽃을 피웠던 때가 엊그제인데

이젠 내 마음의 꽃이, 시들어진 꽃잎이라
향기를 내뿜지 못하고
그래도 나는 남자를 기다린다
나에게 환희의 즐거움을 주었던 남자들
나는 꽃을 안고
꽃을 생각하며 꽃과 함께 시들고

내 어미가 하얀 꽃을 가슴에 안고 떠날 때

나는 붉은 피 묻은 꽃을 한아름 안고 떠나리라 생각했다
그래도 나는 꽃을 생각할 줄 아는 여자요
내 마음엔 한 움큼의 붉은 꽃이 안겨져 있다

시와 음악

나는 음악을 들으며 시를 쓴다
귀가 열리고
음악이 열리고
결국 나는 모든 것을 던져버린다
잠자리에서 들리는 소리는
하늘에서 들려오는 소리처럼
미로 같은 음을 들을 땐 서러움이
신세계의 방향을 가리키기도 한다
음악 속에는 시가 있고
많은 영혼들이 녹아 있다
죽어 있는 것과
살아 있는 것들이 소리를 같이 하면
그것이야말로
가장 아름다움이다
비밀 한 가지 시들도 음악 좋아한다
깊은 잠속에서 듣는 음악은
내 심장을 떼어가도
내 쉬는 숨소리는 아름답기만 하다
나는 시를 쓰면서 음악을 듣는다

가을이 오면(1)

여름이 시들어갈 기색을 보이자
가을이 기웃거리며 꼬리를 살짝 내민다
그러나 가을은 여름을 밀어내고 싶지 않다
가을도 뜨거운 열을 충분히 저장해야 하므로
푸르고 파란 잎들을 아직 간직하고 싶다
세월의 흐름이 어차피 계절을 바꾸어 놓겠지만

가을, 난 기어이 너의 꼬리를 보고 말았지
작년 가을 너에게 하고픈 말이 많았는데
빨리 이 후텁지근한 여름이 사라졌으면
나머지 정돈된 얘기를 하고 있는데
하고픈 말이 얼마 남지 않았지만
지난가을 무엇이 그리 성급했는지
아니면 똑같이 반복되는 소리가 듣기 싫어
떠나버렸는지 그것부터 따져야겠어

가을, 부탁이야 올해는 내가 하는 얘기 잘 좀 들어줘

가을이 오면(2)

밖으로 나가니 세상이 바뀌어 있네
노랗고 빨간 잎들이 나를 에워싸고
나는 한참 동안 그들에게 에워싸여 있었네
숨이 막힐 듯 나는 그저 말없이 그대로 주저앉고
그들은 수없이 서로 대화를 하고 있는 것처럼 느낄 때
비로소 나는 빛을 발하는 그들의 대화하는 소릴 들었네

이미 지나간 계절이라 생각했는데
우리 집 건너편과 옆집 나무들은 약속이나 한 것처럼
새벽녘부터 황금색으로 변해 있었네
몇 날 전부터 변하지 않은 잎들을 보면서
나는 그들이 이 계절을 그저 잊은 채 지나가는 줄 알았는데
우연히 새벽 아침 일찍 밖으로 나가고 싶었네
그들이 나를 불러 나오게 한 것일까?
그래 황금이 아니더라도 진노란 잎들은
무심코 밖을 나서는 나를 깜짝 놀라게 하네
가을은 모두를 놀라게 하는 계절인가 보다

가을이 오면(3)

낙엽은 빛바랜 모습이 아니다
세월은 변해가는 낙엽과 같은 것인데
빛바랜 잎이 아니고 음악이 있고 향기가 있는데
온갖 색감의 잎새, 또 잎새들의 색깔이 다른 것은
우리 모두가 변할 수 있듯이 그것과 비교하면 안 될 터

아름다움을 느낄 줄 안다면
꽃의 아름다움만 생각하지 않고
우리의 삶 그 모습일진대
가을이 오면 침묵하는 것 같아도
우리 영혼 또한 각자의 잔치를 준비도 하지
우리가 기억할 수 없는 머—언 옛날에도
아마 가을은 제 몸을 태워 향기를 세상에 뿜어냈겠지

나에게 가을을 얘기하라 하면
무슨 얘기를 할 수 있을까
그래도 낙엽의 향기로운 네 모습을 보면
우리 엄마가 평생 나를 위하여 걱정하며 살았듯
낙엽은 빛바랜 모습이 아니다.

가을이 오면(4)

가을이 오면 떠나야겠지
쓸쓸한 감정과 낙엽을 이야기하며
모든 사람은 그렇지 않겠지
보고 싶지 않은 사람이 나에게 오는 걸 알지
가을이 오면 극심한 화가 나서
나도 무엇 때문인 줄 몰라 떠나고 싶은 마음뿐이다

가을이 오건 봄이 오건
나는 아무 감정이 없어
헤어질 때는 계절이 필요치 않더라고
나는 미워하는 사람이 없는데
나를 미워하는 사람이
너무 가까이에 있는 걸 알았어
사람들은 그때 떠나야 하는 거야
아쉬움이 있다면 버려야겠지

제4부
생각

내가 원하는 것

여기까지 와버렸구나
참으로 많은 곳 여행했네
다리가 없던 얕은 강을 지날 땐
내가 다리 되어주고 싶은 생각도 있었지만
그들은 돌들을 밟고 지나는 걸 좋아했어
들에 핀 작은 꽃 몇 송이
작은 바람에 흔들리는 모습
기억은 점점 기울어가고
매일 꿈을 꾸며 살았는데

이것저것 널려 있는 장날의 모습
나 또한 장날 어느 빈자리 하나 차지하고 싶었어
다가오는 소리는 슬퍼하는 것들
슬퍼하며 살아온 세월이 많았기에
최대한 기뻐하려고 노력해보지만
그건 꿈에 불과했음을 알았기에
내가 떠나는 날, 누군가 달력에 표시만 해준다면
나의 바람은 아무것도 없다네.

기적이 현실로 내 앞에 섰을 때

어렸을 때 소녀의 기도를 봤습니다
소녀가 무릎을 꿇고 십자가 밑에서
소원을 비는 소녀의 소박한 기도를
간절하게 표현한 그림이었습니다
몹시 순수하고 애절한 모습이었습니다
훗날 소녀의 바람은 이루어졌을 것입니다

어머니가 걸어준 침실의 십자가
무릎을 꿇고 저의 소망을 간절하게
어색한 마음으로
기도한 적이 있었습니다
두툼한 성경을 십자가 아래 놓고
솔직하게 기도했습니다
하느님 일하는 것이 너무 힘들고 고통스럽다고
십자가 아래 성경을 놓고 기도하고 있는
나 자신의 모습이 너무나 어색했습니다

애처롭기 짝이 없을 때였지요
그런데 이게 웬일입니까
내가 했던 기도는 소원대로 이루어졌습니다

아내와 나는 함께 안고 침대에 쓰러져버렸습니다
훗날 기도할 때
너무 부끄러웠다고 고백했지요
우리가 원하는 것보다
몇 배로 하늘이 베풀어주었습니다.

빨간 펜

호텔 방에서 깊은 잠속으로 빠져든다
새벽이 됐을 것 같은 생각이 들어 빨간 펜과 노트를 들고
침대 머리에 몸을 기대며 "슬픈 목소리"의 제목을 끝낼 무렵
그렇게 피곤했던가, 나는 다시 깊은 잠속에서 헤어나지 못한다
내가 눈을 떴을 때 시간의 향방을 알기 위하여 낯선 방의 어둠 속을 헤매다
나는 커튼을 젖히고 오늘의 어둠인지 다음날의 어둠인지 알 수 없어
밝은 빛을 위하여 모든 전등과 램프에 불을 켜자
노트는 한쪽에 조용히 잠이 들어 있고 가슴 밑에 있었던 빨간 펜
가슴에서 피가 터져 나왔는지 펜은 용광로처럼 녹아내려
침대의 하얀 이불과 시트를 핏물처럼 물들여 놓고
펜은 빨갛게 적셔진 이불 위에 잠들어 있었다
아침 청소하기 위하여 다가온 여인에게 알 수 없는 지폐
몇 장 건네니 순식간에 그 모습 사라지고

피처럼 진한 열정적인 노래를 부르던 어느 여가수의 배경처럼
새하얀 이불과 깨끗하여 눈처럼 하얀 침대 시트 머리 위에 기대어
청소부가 갈아 놓은 상큼한 향기를 마시며
나는 "슬픈 목소리"를 쓰기 시작했다
텅 비어 있는 빨간 펜은 슬픔이란 두 글자 외에는

아무것도 쓸 수 없었으나 누구를 탓할 것인가
뜨거운 내 가슴 열기에 모두 녹아 흘러버렸으므로

낯선 방

피곤한 몸 조심스레 허물어져가는
낯선 도시
질서 없이 갓 입대한 초년병처럼
도착한 호텔
호텔 방 바로 머리 위에는
낮은 비행기의 굉음이 요란하고

고흐의 그림 같은 열쇠카드
행여나 그대, 방문 열고 환한 얼굴 붉힐까?

기대는 아무 곳에서나 하는 것
아니라는 법칙 하나 또 만들고
외로운 남자의 천근같은 몸
하얀 침대 위에 던져진
이방의 거리
낯선 방의 깊은 잠

빈 가슴

내가 어디서 살든 관심 갖지 마세요
우리들의 만남은 헤어짐도 아니에요
그렇다고 만날 순 없잖아요
가슴끼리 부딪치게 마음끼리 부딪치게
몸에 있는 꽃처럼 붉은 피들이
죽든 마르든 똑같잖아요

우린 사랑의 감정이 영원할 줄 알았지요
서로서로가 한마음이었으니

우린 서로 만날 수 없어요 사랑의 비밀을
알아버렸잖아요. 꽃이 시들어도 마르면
꽃일 줄 알았어요 형상만 걸렸잖아요
이것이 저의 마지막 글입니다
제가 어디서 살든 당신 찾아오면
우리들의 사랑을 위하여 가슴에 피 흘리고 있을 거예요.

생각(1)

따뜻한 여인의 가슴속에 내 마음을 푹 담그고 싶다
아무 생각이 나지 않을 때까지
그리고 새로운 생각이 떠오를 때까지
여인은 두 손으로 내 상체를 감싸며 그녀의 체온을
나에게 전해줄 것이다

푸근한 젖가슴의 감촉이 내 마음을 휘감을 때
잠시 안락함을 누리고 새로운 생각을 하기 위하여
그녀의 젖비린내가 날 것 같은 가슴을 조용히 밀치고
나는 새로운 생각을 하기 시작할 것이다

푸근한 가슴을 내어준 여인에게 감사하고
조금 더 머물고 싶지만 일부러 가슴을 밀치고
지쳐있던 망각의 세계가 아닌 새로운 새싹 돋움처럼
나는 새로운 생각을 할 것이다

영혼이라는 것이 내 주위를 맴돌고 있는 한
생각은 거기서 벗어날 수 없음을 깨달은 까닭에
나는 거기에 머물러 있을 것이고 벗어날 수 없음을 깨달을 것이다

생각(2)

여인은 내 생각을 모두 차지하고 있었다
아무 생각을 할 수 없었다.
새로운 생각을 하기 위하여
고통스러운 몸부림을 하고 있었다

여인이 내 머릿속에서 떠난 뒤
새로운 생각들이 기다렸다는 듯이 몰려들었다
거기에는 다른 여인이 섞여 있었다
나는 새로운 생각을 하기 위하여 각오를 단단히 했다

내 머릿속에 들어앉아 있던 여인은 기억도 나지 않는다
나는 지쳐 있었다
새로운 생각을 하기엔 고통이 따를 것 같았다
하늘을 바라보며 넓은 바다도 생각했다

그동안 나를 떠난 것들이 많았다
새로운 생각만이 내가 갈 길이고 살길이다
생각 밖에서 기다리는 것은 내가 원하는 것이 아니다
산책을 했다 여름이 버리고 간 찌꺼기들이 많았다

갑자기 해변에서 수영복 차림의 소녀들이 달려온다
나는 흐르는 땀을 닦으며 지워져 버린 생각을 더듬는다.

풀잎이 바람에 나부낄 때

풀잎이 바람에 나부낄 때
몸이 아파 병실 안에서도
생각이 똑같이 떠오르는 것들
우주 어디선가 떨어진 별빛 조각 하나처럼
감당할 수 없는 빛을 가슴에 담고
나는 무엇이 될까
나는 무엇을 할까
마음은 드넓은 풀잎 속에서 방황하고
누군가 어디로 떠난다는 소식을 들으면
길 헤매지 않게 빛을 안겨주고
자유스러운 세상으로 가길 기대하며
슬픔에 잠긴다
바람이 구름을 몰고 다니듯
나 또한 구름이 되어
이 세상이 저물어 갈 때까지
누군가 떠난다는 소식은 전해주지 말아다오
씨앗을 심는 마음으로
풀잎이 바람에 나부낄 정도가 되면
누군가를 내가 초대하면
나의 바람은
꼭 나를 방문하여주면 좋겠네

사랑을 위하여

나, 거기 머물면서
사랑을 배웠네
목 타는 사랑 연습하며
생각하며 결국
나의 모든 영혼을 태워야
사랑할 수 있음을 알았네.
떠나면 여행길은
수없이 부서지며
삶을 지켜가는 체험을 하면서
다시는 여행하고픈 마음이 사라질 줄 알았는데
사랑이라는 건
내가 거기 없더라도
태워버릴 수 없음을 알게 되었을 때
나를 태워도
살아 있음에
사랑을 배울 때처럼
무심코 지나는 사람 붙잡고
빛의 소리를 빌려
태양을 향하고
그것마저 태울 수 없을 때
그것이 사랑이었고
그리움이었는데

외로운 소년

나는 외로운 소년에 불과했었네
엄마 아빠가 없는 시골에서
그리움을 안고
산과들을 헤매이며 울먹였네
할 수 있는 건 상상의 나래를 펴고
언제쯤 만날 수 있을까 생각하며
밤새 잠들지 못하고
눈은 항상 축축이 젖어 있었네
그리움과 외로움, 가슴속에 머무르고
그 누구도 내 마음 헤아려주지 않았네.

위로의 말 대신 시골 일하면서
꿈에 젖어 사는 소년 되어
그 꿈이 영원히
체념 속으로 흘러갔네
반항하기 시작할 때쯤
아픔을 만회하려는 듯
상처를 주었던 이들에게
비수를 생각나게 하였네
분노로 변해가는 모습

당시에는 몰랐네

괴롭게 했던 녀석
결국
굵은 돼지 목소리 외치며
선물처럼 건넸네
할아버지 조용히 나를 불러
말씀하셨네. 그렇게 하는 것 아니라고
웃음소리는 하늘에서 들려오고
그 순간은 행복했었네.

그곳에 가면

그곳에 가면 세상의 모든 것
네 모습도 들여다볼 수 있을 거야
너무 기대는 하지 마
천사가 노래하는 모습도
별들이 얘기하는 소리도 들으려 하지 마
때로는 슬픈 모습을 보더라도 슬퍼하지 마
우리가 세상에서 하는 행동처럼 하면 안 돼
그곳에 갈 때 너의 영혼까지도 어쩌면 버려야 할지도 몰라
기대는 하고 가겠지

새로운 날이 오면 생각하는 모습은 달라질 수 있겠지
세상은 많은 사람이 있지만
사람과 사람이 만나는 기회는 그렇게 많지 않더라고
그저 꽃밭에 앉아 사진을 찍고
소풍 가는 날처럼 설레는 날이 있었지만
그곳에서 나올 때
아름답고 향기로운 꽃들이 많이 있는데
마음에 드는 몇 송이 꽃을 가지고 나오게 될 거야

그녀의 울음소리

섬진강 변 소복차림의 여인이 통곡하고 있다
울음소리
섬진강 자갈밭 강물 속으로 다가서며
차마, 차마 물을 적시지 못하고
그저 울고 있다 1950

소녀가 처녀가 되었을 쯤
조금은 나이든 남자를 사귀었다
사랑하는 남자가
예쁜 아기를 안고 있는 모습을 보고
가슴에 핏물을 적시며 울지도 못하고
아기의 울음소리만 들었네 1970

가슴이 미어지도록 슬픈 사람에게
울지도 못하는 슬픈 사람에게
한없이 젖은 눈을
마음껏 소리치며 울도록
그녀의 울음이 멈출 때
소나기는 내리고 있었네.

노래를 부르고 싶다 사랑의 노래를

내 곁을 떠나고 있는 건
마음을 시리게 하는 이 계절이 아니다
얼어붙은 입술 때문에
부르고 싶은 노래를 부를 수 없어
내 곁을 떠나버린 그녀
눈에 똑같이 보이는 것이 싫어서인지
더 이상 사랑의 노래를 부를 이유가 없어서였든지

바람, 너는 알 수 있을 것 같은
그녀의 향기를 알고 있다면
맡을 수 있겠지만 떠나버린 것들은
그래서 노래라도 부르고 싶다
사랑의 노래를 부르고 싶다

바람, 너는 알고 있지
내가 부르고 싶어하는 노래를
새로운 계절을 맞이하기 위하여
노래를 부르고 싶어, 사랑의 노래를
새로운 계절엔 새로운 노래를 불러야지
길 잃은 소녀처럼 울면서

마음속 깊이 울면서
내가 소리 낼 수 있을 만큼만 노래 부르고 싶다
창밖을 보며 방황하는 그녀를 위하여
사랑의 노래를 크게 부르고 싶다

그때로 되돌아갈 수 있다면

사람들은 지난날을 생각할 때
즐거웠던 것만 추려 생각하지
고통스럽고 안타까웠던 것은
생각하지 않으려 해
그리고 네가 행복했던 순간만을 걸러내어
그곳으로 가고 싶을 뿐

옛날엔 바람조차 깨끗해서 하늘을 보면 별을 보았지
그리고 별빛처럼 사랑하고픈 그곳에 가고 싶었어
네가 되돌아가면 잠깐 동안 누군가를 사랑했던
젊은 시절로 가게 되겠지만

네가 알다시피 세월의 흐름은
밤하늘에 정적보다 무섭게 흐르고 있다는 걸 알아야 해
그들은 어디로 갔을까?
신들의 아름다운 추억은 무엇일까?
어쩌면 우리가 기대했던 것보다 더욱 향기롭고
누군가에게 길 안내까지 받았는지 모르지.

그날을 위하여

적어도 한 번쯤 아름답게 지내고 싶은 하루.

그 하루를 위하여 비우고 벗어 던지고
지나버린 날들을 위하여
맑은 머리를 하고 싶어
모든 꽃마다
다른 향기 뿜어내는 내일이 오면
오늘과 다른 모습을 보이고 싶은데

변해가는 건 계절뿐
생각은 그대로이고
내가 좋아하는 계절이 오면 그들과 함께
내 생애 가장 아름다운 날 만들고 싶은데
이젠 꾸며낼 수도 없는
그대로 하루만 살고 싶다
아름다운 날
새로운 기억에 치장해두고 싶어서.

탄생 그 그리움

맑은 하늘을 가리고 있던 모든 것은 사라지고
하늘은 맑고 피어 있는 꽃들은 산천에 난무한데
세상은 고향을 찾은 듯 고요하게 미소 지으며
버리고자 했던 것만이 세상에 남아
향기로운 꽃들의 향기는 그들 세포 속에 스며든다
비어 있는 것들은 어차피 욕망이 없었고
태양은 초원에 빛을 더하여 푸른 모습 더욱 푸르러
모든 것들에게 양분을 나누며
숨을 죽이고 바라보고 있던 새들의 날개가 펴지고
비어 있는 공간을 아름다운 지저귐이 메꾸는데
신선한 바람도 함께하며 꽃의 향기로움
버리며 살고 싶어하는 사람들
하늘이 되고 꽃이 되고 바람 되어
초원은 아름다운 풋풋함 더해 세상을 새롭게 꾸민다.

사랑과 미움

사랑해야지, 미워하지 말고
가슴을 활짝 열어젖히고
나를 죽이려 했던 사람과
나를 미워했던 사람도
내가 사랑하지 않으면
나는 고통을 받다가 별이 되어
은하수 곁에 서 있게 됐을 텐데

두려움 속에 서 있지 말고
내가 그들을 사랑하면
나의 고통은 조금이라도 사라지겠지
외면하지 말고 똑바로 바라보며 살자
세상에 살고 싶어서가 아니고

나에게 주어진 임무도 있고
세상이 어렵더라도
한번 태어나려면
아니야, 어쩌면 태어나지 않았을 수 있겠지.
세상은 어느 시인의 말처럼 꾸벅꾸벅, 그렇게 걸어가야 해.

나의 꿈

그들이 나타나기 전
마음속 가득히
꿈으로 채워 놓을 때의 그리움
꿈의 그리움
꿈이 이루어질 수도, 마음속에서
세상을 함께 하는 날까지 이룰 수 없어도
마음에 씨가 뿌려졌으니
나의 영혼을 바라보며
꿈이 우리들의 삶을 지탱해주듯
조급하지 말고 성급해하지 않으면
병아리 태어나듯
꿈은 이루어지고 있음을
꿈같은 얘기하며
씨 뿌리는 작은 것부터
알에서 생명체가 나오는 것을 보면서
육신에 다가오지 않더라도
꿈이 없다면
꿈같은 얘기하지 말아야겠지
마음에 꿈, 씨앗을 심으면
향기 아름다운 꽃으로 다가와

내 온몸 덩이가 꿈 덩이가 된 것을
그래서 꿈을 갖고 살라고 얘기하고 싶다

시는 보이지 않는다

영혼을 쪼개 나열하면
한 편의 시가 되는 줄 알았다
장례식장 근처를 서성이며
혹시 시 한 구절 있지 않을까 생각하며
조용히 잠들어 있는 사자에게 물어보고 싶은데

굳어버린 혀 통곡소리 슬프지 않고
비밀스런 언어 땀샘으로 새어 나온다
조각조각 쪼개놓은 영혼 아무것도 찾을 수 없어
시의 그리움 거기에도 시는 없었네

푸근하게 관 속에 누워 있는 여인
나 또한 틈새가 있다면 함께하며
그녀의 가슴을 헤치면 시가 있을까

낮은 곳에서 높은 곳으로 추락해가는 모습
놓치고 싶지 않은 영혼
시들이 뭉쳐 있을 것 같은 형상
나를 절망케 하는 시는 아무 곳에도 없었네

풍선 위에 사는 소년

소년은 항상 풍선 위에 서서
사는 사람처럼 불안해했었다
제발 이 풍선이
하늘 높이높이 날기를 원했다

그러나 잠자리에 들면
소년은 풍선이 어디로 날든
소년의 인생은
잠자리에 들면서 시작된다
그랬다 생각하는 것이
그저 즐겁고 행복하기만 했다

소년은 풍선을 타고
엄마도 보고 아빠도 보았다
밤이 깊을수록 소년은
짧지만 깊은 잠속에 빠져들고
그것도 삶이었고,
세상에 태어나 신기한 경험을
영원히 영원히……

추억 그 아름다웠던 날들

모래알 같은 시간들이 모여서 세월이 되고
세월은 구름 흘러가듯 흘러가는데
망각하여야 할 나의 젊은 시절을
퇴색된 시간 속 스쳐보는 노란색 사진들
조금씩, 조금씩 잊혀가는 소중하고 부질없었던 것
미지의 환희를 고대하며 가끔 즐거움에 들떠 있었던 나
오늘까지 살아오며
초라한 그 미지의 세월은 펼쳐졌는데
오늘을 생각하며 살았던 그날을 그리워하며

변치 않는 하늘의 구름을 보면
나 또한 구름이 되어 어디로 흘러갈지 바람에 맡길 터
그래도 우리에게 사랑할 수 있는 시간이 있다면
우리 서로 지난날 너무 깊이 생각지 말고
남은 시간의 아름다운 날을 찾아보자꾸나
점점 아련해져가는 아쉬운 기억들을 품에 안고 울먹이더라도

달빛이 길을 가르쳐주는 대로 흘러가는 양떼구름처럼
잃어버린 모든 것들을 찾는 시늉을 하며 살자
젊음을 찾아서 사랑하고 슬픈 이별도 하며 살자꾸나

다만 어둠 속에 내딛는 발걸음은 더디기는 하여도
소중한 기억들을 찾아, 긴 여행도 해보자꾸나
언젠가는 모두들 얘기하겠지. 입이 열리는 날
삶은 사랑이요, 인생 모두는 사랑에 대하여
축배를 들어야 한다고.

사랑했는데

옛날 당신과 함께 거닐던 이 공원길을
고개를 떨구고 홀로 걷고 있습니다
가을이 훌쩍 지나가버렸어도
내 마음은 여전히 당신과 함께 낙엽놀이를 하던
그때 그 시절에 머물러 있답니다
당신으로부터 소식이 끊어졌어도
당신을 기다리는 나는
언제까지 홀로 산책을 해야 할까요

눈물은 메마르고
집으로 되돌아가려 하면
내 발걸음은 어느새 당신과 함께했던 찻집에 머무르고
당신이 좋아했던 커피 향을 맡으며
마음속에서 북받쳐 오르는 감정을 슬픔으로 대신하고
닳고 닳아 당신의 형체까지 없어질 것 같은
마지막 사진 한 장을 꺼내어 당신 커피잔 앞에 놓고

나는 당신과 무언의 대화를 합니다
언젠가는 꼭 언젠가는 되돌아올 것 같은
당신 모습은 내 가슴속 깊이 새겨져

지울 수 없는 형상이 되었다오
나의 외로움은 그저 보고 싶음에 더욱 그립고
나는 세상이 끝이 날 때까지라도 당신을 기다릴 테요

이별

내 곁을 떠나버린 슬픈 그대여
이젠 다시는 당신을 기다리지 않기로 했소
그대가 남기고 간 소리 없는 미소들이
여기저기서 나를 향하여 웃는 듯하여
마음이 이토록 괴로운지 모르겠소
당신이 어디쯤에서 무얼 하고 있는지 생각하며 살고 있지만
당신 모습마저 안개 속에 가려져 있는 듯하여
이름마저 기억 속에서 사라질까
세월이 흐를수록 안타깝기 그지없다오

당신을 다시는 기다리지 않더라도
이 세상 어딘가에 있는 줄 우린 안다 해도
나는 당신을 찾을 수 없게 되었소
당신이 슬픔을 남기고 떠나올 때
내 마음 당신에게서 슬픈 표정을 하고
멀리 떠나 있기 때문이오

여태껏 당신이 항상 즐거운 마음 하면서
살기를 기도해왔으나 그것마저 할 수 없으니
우린 이별이라는 낱말을 쓸 수밖에 없었소

당신이 남기고 간 흔적들은 여기저기서 사라지고
나는 다시는 이별의 슬픔을 느끼지 않기 위해
나 자신도 여기서 떠난 지 오래 되었다오

젊은 내 겨울의 서울 밤

울퉁불퉁 땅 위의 얼어붙은 내 가슴은
떨어진 담배를 줍기 위해 몇 번 넘어진 뒤
기적처럼 꺼져가는 불을 빨아댔다
간신히 태양처럼 불타고 차가운 두 손으로
담뱃불을 감쌌다. 그리고 빨았다.

숙소로 가야지! 어젯밤 나를 반갑게 맞이 해 줬던
빈 포장마차 관 속에서 그 사내의 보이지 않는
얼굴을 찾아 조금이라도 자야지.

오늘은 노크를 했다. 대답이 없다.
사내가 바쁜가? 잠들어 있는가?
문은 어젯밤처럼 금방 열리고
이불이 손에 잡혔다. 사내의 숨소리가 매우 거칠다.
관 속에 두 사람이 들어가도 된다는 생각이 스친다.

직업 소개소에서 내일 오라고 한 건
분명히 희망이었다. 오늘 처음으로 서울 구경했다.
쇠 창살 문은 부서져라 내리쳐도 끄떡도 안 했다.
모두들 그렇게 문 닫았다.

움직이지 않는 사내의 숨소리가 두렵게 들린다
마지막 포장마차인가? 십 원짜리 동전,
사내를 위하여 쓰기로 맘 먹고
공중전화 찾았다.

사내 덕분에 그날 밤은
따뜻한 병원 의자에 앉아 잠들고
사내는 갔다. 자면서 갔단다.
방은 비워 놓고,
사내 덕분에 내일 밤이 필요하면
따뜻하게 자는 법 배웠다.

고통(1)

나의 영원한 벗이여
사랑하는 사람들이여
뼈가 부서지는 듯 이상한 아픔
내 마음은 어디서 헤매고 있는지
그리움은 뒷걸음질하며
앞으로 더 나아갈 수 없어
벤치에 홀로 앉아
정면에 있는 것만 바라보네
눈동자조차도 돌리고 싶지 않아

또 다른 나의 행선지를 생각해보며
되돌아오고 싶지 않은 곳으로 가서
사랑하는 사람들을 위하여
그들에게 향기로운 꽃을 보내기 위하여
꽃을 찾아 헤매이고 싶네
뼈가 산산이 부서지는 고통 속에서
미소 짓는 내 모습이 슬퍼서
나는 웃고 있는 그들을 사랑하고 싶다.

고통(2)

마음이 아프다.
고통스럽다
같은 하늘을 지붕 삼아 살고 있는데
평생 아픈 마음으로 살아야 할까?
이 세상을 아무리 둘러봐도
도와줄 사람은 없는 것 같은데
매일 소리 없는 통곡을 하며
베개가 젖으면 뒤집어가며
비어 있는 옆자리의 베개까지 품에 안고
울면서, 울면서 잠을 청하면

남들이 일어나는 순간 나는 잠들었을까?
하늘이여 나를 도우시려면
작은 문 한쪽을 열어주소서
내 몸이 들어갈 수 있을 정도만
모든 사람에게
소외당하며, 마음이 아파도 견뎌
소외당하는 아픔을 느끼며
사는 사람이 있겠지만
소외당하며, 마음이 아파도 견뎌야 한다면
언제까지 기다려야 할까?

고통(3)

언젠가 내 마음엔 아름다움이 있었다
꽃과 나무와 바람을 좇아다니며 나는 행복했었다
영혼은 내 주위를 맴돌며
나를 고통스럽게 한다
땅을 밟으며 고통스러운 몸 아픔을
느끼지 못했을 땐

고통이 이렇게나 오래 갈 줄 몰랐다
나의 치부는 풍선처럼 커지고
풍선이 하늘 끝까지 올라가기를 원했다
무엇이 나를 아프게 했는가?
눈보라가 치던 구정 전날 밤
엄마가 문을 열어주지 않아서

내 마음은 봄바람처럼 따스했다.
어디서 잤는지 기억이 나지 않는다
어디선지 모르지만
범나비들이 내 주위를 맴돌며 추위를 감쌌나 보다

나비들은 따스했고

온갖 색깔들로 치장하고 있었다
나는 따스한 구정 전날 아름답게 보냈다
따스한 봄날처럼 잔디밭에 누워
나비들의 노랫소리를 들으며

죽음 같은 욕망 파아란 하늘

흩어진 마음 나의 꿈 세웠는데
서서히 구겨져가는 욕망의 비린내
함께 아름다운 정원 걷고 싶다 했었지
욕망은 모습 보이지 않고 그리운 미소처럼 다정했어

세우고 싶었던 나의 꿈 그 위 안락의자 앉지 않고
네 입에서 새어 나오는 화창한 봄날 같은 말
믿고 싶어 가는 모습들은 감추어진 그늘 보지 못했네
나의 모든 것 너에게 전했는데, 어두운 그림자

순수했던 약속 서서히 변하는 모습 보지 못했어
네가 무언가 작은 진실 잊고 있었는지
작은 욕심 변해가면 죽음 같은 욕망 잊혀진 언약
아름다운 꽃들을 찾아 꽃씨 뿌리던 나

하여튼 모든 것 비우니 상쾌한 마음 그땐
내가 점점 어둠 속으로 걸어가는 모습 기억하지 못했어
정신병자 되고 이름 알 수 없는 소식 들으며
파아란 하늘 결국 걸어 내버린 어둠의 욕망
아름다움은 순수함에서 피어나는 것, 진실.

목련

세상에 머물면 머물수록

땅에 떨어져 짓밟혀지는 꽃잎

아침 일찍 피었다 몇 날 머물며

그 꽃잎 그대로 땅에 떨어져 아름다운 마른 땅

향기 어우러져 나 무슨 향기인 줄 모른 채

하얀 치마 날개 삼아 저 하늘 향하여

내 꽃잎 시들기 전 바람에 날리고

활짝 피었다 길 재촉하고픈 마음

세상 사람 기억 머물기 전 떠나야 하는 꽃

하얀 손 날갯짓하며

내년이면 다시 찾아와야지

■

해 설

'그리움'의 힘으로 발화하는 '가장 긴 말'

— 김종석의 시세계

유성호
(문학평론가, 한양대학교 국문과 교수)

■ 해설

'그리움' 의 힘으로 발화하는 '가장 긴 말'

— 김종석의 시세계

유성호

(문학평론가, 한양대학교 국문과 교수)

1.

모든 서정시는 가혹한 '현실' 과 풍요로운 '꿈' 사이에서 발원한다. 이성의 통제에 의해 파악되는 '현실'이나 감정 과잉에 의해 감싸인 '꿈' 이 어느 한쪽으로 치우칠 때, 그것은 인간의 인식과 정서를 불구적으로 반영한 것일 수밖에 없을 것이다. 그래서 좋은 서정시는 우리의 '현실'을 순간적으로 드러내면서도, 그것을 극복할 수 있는 '꿈'의 세계를 상상적으로 마련하여, '현실'과 '꿈'의 접점을 예각적으로 드러내게 마련이다. 그리고 그 '꿈'이야말로 우리들 삶 곳곳에 배인 폐허와 불모의 기운을 치유하고 새로운 상상력을 추구하게 하는 더없는 형질이 되어주는 것이다. 이는 '회감回感'의 상상력을 견지하면서 동시에 우리가 나아가야 할 새로운 삶의 태도를 암시해주는 서정시의 본래적 기능이기도 할 것이다.

김종석 시인의 첫 시집 『나는, 내 소리를 읽었네』(모아드림, 2014)는, 고단하고도 순정했던 젊은 날을 고통스럽게 통과해온 한 영혼이 들려주는 아름답고 절절한 서정의 고백록이다. 캐나다로 이민을 떠난 지 30여 년이 훌쩍 지나는 동안, 김종석 시인은 자신이 나고 자라면서 익혔던 모국어의 질감을 이국땅에서 전혀 잊어버리지 않고 자신의 시 안쪽에 순결하게 간직하고 있다. 그래서 그의 시편들은 매우 자연스러운 한국어의 리듬과 통사를 잘 보여주면서, 앞서 말한 '현실'과 '꿈'의 접점을 그 어느 누구보다도 풍요롭게 노래하고 있다. 더구나 최근 국내 유수 매체인 『시현실』로 본격 등단함으로써, 김종석 시인은 더욱 견고한 시인적 위상을 확보해나갈 수 있으리라 생각된다.

김종석 시인의 시편들은, 무엇보다도 스스로의 생을 돌아보는 성찰省察의 힘에서 우선적으로 생성된다. 그리고 시집 곳곳에 녹아 있는 그의 생애는 일관되게 치열하고 정결하다. 또한 그는 스스로를 다잡아 실존적 완성을 향해 매진해가는 청년 정신을 우리에게 박진감 있게 보여준다. 그 단정함과 정결함 그리고 박진감이 그의 생애를 일관되게 이끌어가는 근원적 에너지인 것이다. 따라서 우리는 "내 영혼 외롭지 않게/은하수들에게 아름다운 노래"(「시인의 말」)를 부탁한다는 시인에게 이번 시집이 매우 귀중한 시와 삶의 분기점으로 다가올 것을 믿어본다. 이제 그 아름답고 절절한 세계 안으로 들어가 보자.

2.

근본적으로 서정시는 '시간'에 대한 사후적事後的 경험의 형식으로 착상되고 씌어진다. 비록 어느 시편이 미래를 노래하거나 시간 자체를 초월한다 하더라도, 그것조차 '시간' 자체에 대한 판단일 수밖에 없는 것이다. 그만큼 서정시는 '시간'의 경험과 재구성이라는 독자적인 양식적 특성을 지니는데, 그 점에서 서정시와 시간의 불가피하고도 분리 불가능한 결속력은 매우 중요한 서정의 원리가 된다. 먼저 김종석 시인은 가장 원형적인 자연 사물을 통해 자신의 서정을 암시적으로 풀어놓는 과정을 보여주는데, 그것은 '빛'의 차원을 깊이 갈망하면서 새로운 삶을 개척해가려는 굳은 의지로 줄곧 현상한다. 더불어 그 세계는 오랜 '그리움'과 '기다림'의 동력으로 나타나고 있다. 다음 작품을 한번 읽어보자.

피곤한 눈가에 향기 꽃 한 잎
가느다란 세포 속 향기로 채우고
피곤하여 잠들고 싶은 마음
세상에서 벗어나

빛이 없는 곳 아주 깊숙이

향기 짙은 꽃잎 하나
게슴츠레한 눈에 걸터앉아
맡아보지 못한 향기

알고 싶은 향기

긴장 풀린 허무한 피로함
낡은 침대 곁에
몇 년째 정든 엷은 치마 같은 이불
침대 위에 쓰러지는 몸

떠나오며 이름 모를 작은 한 송이 꽃
그녀의 가슴 언저리에
거부하는 여린 손 제치고 꽂아주었을 뿐

푸른 바다처럼 넓은 하늘을 바라보며 젖은 그리움

꽃, 피곤한 몸 눈감게 할 수 없겠니
내 눈에서 떠나고
깊은 잠속
죽음처럼 피곤한 몸 잠들게
그 향기 만들어줄 수 없겠니.

—「꽃의 미소」 전문

제재는 '꽃'에서 빌려왔지만, 그 안에는 시인 자신의 삶과 상처와 미소가 짙게 반영되어 있는 시편이다. 눈가에 향기 머금은 채 "가느다란 세포 속"을 향기로 채우고 있는 '꽃'은, 그 자체로 삶의 고난과 역경을 거슬러 오르는 의지를 적극 은유한다. 비록 세상에서 벗어

나 잠들어버리고 싶을지라도 시인은 "빛이 없는 곳 아주 깊숙이" 스며 있는 꽃의 향기를 자신의 그것으로 등가화한다. 그동안 맡아 보지 못했고 그래서 더욱 알고 싶었던 그 "향기"는, 허무와 피로로 낡아가는 몸에 더없는 신생의 향기를 부여한다. 그래서 그녀 가슴에 꽂아준 "이름 모를 작은 한 송이 꽃"에서 시인은 "푸른 바다처럼 넓은 하늘을 바라보며 젖은 그리움"이 머묾을 느낀다. 그 '그리움'이야말로 김종석 시학을 가능하게 하는 정서적 원질原質이요 모든 것을 길어 올리는 강력한 존재론적 수원水源인 것이다. 결국 김종석 시인이 노래하는 "꽃"의 향기는, 시의 제목에서처럼, '미소'로 번져가 "깊은 잠속/죽음처럼 피곤한 몸"을 향기롭게 하는 것이다. 그렇게 시인은 '꽃'을 통해 "아름다움이란/눈에 비추어 가슴으로 느끼는/영원히 변하지 않는 향기"(「꽃을 생각하며」)이고, "작은 바람 소리에도/꽃잎들은 음악소리에 맞춰"(「향기로운 꽃잎은 음악소리에 젖어」) 살아간다는 것을 새삼 노래하고 있다. 그 '향기'와 '미소'를 통해, 그리고 그 '향기'와 '미소'를 더없는 자산으로 삼아, 김종석 시인은 이 고단하고도 소중한 세상을 건너가고 있는 것이다.

시간이 흐르는 소리

강에 낚시를 던지고 기다리는
소년의 마음에서 들었어
보고, 기다리는 것은
마음뿐만이 아니라는 것을 깨달았어

무대에 섰던 사람
앞을 볼 수 없는 사람이었지
빛은 노래하려는 사람에게
아스라이 비추고

소년이 기다리는
낚싯대가 활처럼 구부러지는 순간
그가 할 수 있는 아름다운 노랫소리가
세상 밖으로 퍼져나갈 때

그는 아무 소리도 듣지 못했어
빛이 없어도
그는 빛처럼 아름다운 소리로 노래하며
사람들은 침묵으로 음을 새겨 담고.

—「노래하는 강」 전문

앞의 시편에서 존재론적 난경難境을 극복해가는 매재媒材로 '꽃'을 택했던 김종석 시인이 이번에는 '강'을 단단하게 붙잡았다. "시간이 흐르는 소리"를 강가에서 듣고 있는 시인은 "강에 낚시를 던지고 기다리는/소년의 마음"을 가진 채 '노래하는 강'을 바라보고 있다. 시인은 "노래하려는 사람"에게 오랫동안 비추이는 '빛' 과, "그가 할 수 있는 아름다운 노래 소리"를 동시에 기다리고 있다. 그 기다림의 힘으로 "빛처럼 아름다운 소리"를 열망하는 시인과 "침묵으로 음을 새겨 담고" 있는 사람들은, 마치 '노래하는 강'에서 시를 쓰고 읽는 이들의 모습을 고스란히 함축하고 있다. 이처럼 김종석 시인은 "끝이 보일 때까지 타오르는 젊은 청춘 싣고"(「강물 위의 종이배」) 흘러가는 '강'에서, 자신의 삶을 깊이 관조하면서, "흘러내리는 것은/보이는 것만이 아닐"(「암묵지」) 것이라는 깨달음에 이르고 있다. 그 깨달음의 과정이 새로운 존재로의 갱신 의지를 부여하고 있는 것이다.

결국 시인은 '꽃'과 '강'이라는 가장 오랜 원형 상징을 통해 '향기'와 '미소', '노래'와 '침묵'이라는 자신의 시학적 표지標識를 강렬하게 드러낸다. 그것을 시인은 '그리움'과 '기다림'이라는 정서적 지향의 부침을 통해 거듭 노래한다. 요컨대 김종석 시편의 핵심은 '그리움'과 '기다림'의 힘으로 존재론적 자기 갱신의 시학을 완성하는 데 있는 것이다.

3.

두루 알다시피, 서정시가 시간적으로 경험을 초월하면서도 견고한 항구적 심미성을 가질 수 있는 것은, 그것이 구체적 경험을 기초로 하면서도 그것을 초월할 수 있는 형식과 결합하기 때문이다. 그 점에서, 김종석 시인이 보여주는 경험과 형식의 견고하고도 단정한 결합은, 앞으로 이 시인이 좋은 시편들을 계속 써갈 수 있는 중요한 자산이 될 것이다. 이러한 서정시의 특성을 우리는 자아와 대상 사이에 간격이 존재하지 않는 이른바 '동일성'개념으로 설명할 수 있을 것이다. 김종석 시인은 시집 곳곳에서 '자아 성찰'이라는 서정시

특유의 직능에 충실하고자 하는데, 이것이 바로 '동일성'에 강한 구심력을 부여하려는 시인의 성정을 잘 드러내준다. 또한 그것은 시인 자신이 살아온 삶의 진정성을 남김없이 토로하고, 스스로에 대하여 깊은 염결성을 부여하면서 의미론적 자기 구성을 수행하려 하는 속성을 잘 보여준다. 그때 시인은 진실한 의미의 나르시스가 되어 자신의 가장 깊은 기원origin으로 잠입해 들어간다. "비겁했든 비겁하지 않았든 난 자유를 찾았다"(「도망자」)고 했던 김종석 시인의 자유로운 '자아 찾기'가 거기서 시작되는 것이다.

거울 한 조각을 내 가슴 한편에 묻어두고
매일매일 다른 내 모습을 본다 내 마음을 본다
누군가 오늘도 떠나버렸을 터인데
그 빈자리가 안타까워 거울 속 그리움은
그저 빨리 되돌아오길 기대하며 소식 기다리며

아름아름 사라져가는 보고 싶음에
가슴에 묻어둔 거울을 들여다보면
고개를 들고 차라리 하늘을 보는 것이 마음 편하다
가슴속 거울엔 내가 아니 네가 서 있다
때론 낯선 얼굴을 하며 거울에 나타나기도 하고
내가 보고 싶은 얼굴들은 언제나 거울 속에 비칠까

주막 집 할미의 여린 손 한편엔 지나버린 세월의 자욱이
거울 속엔 어제의 취한 모습의 비틀거림이 보인다.

— 「거울」 전문

대체로 '거울'이란, 스스로를 비추고 스스로를 성찰하는 자아 투영의 도구로 쓰인다. 김종석 시인 역시 '거울'을 자신을 바라보고 성찰하는 적극적인 매개체로 원용한다. 아니 시인은 그 '거울'을 가슴 한편에 묻어두고서 그 안에서 자신의 모습을 깊이 들여다본다. "매일매일 다른 내 모습"은 어느새 자신의 "마음"으로 전이되어, 시인은 '거울'을 통해 그 "마음"을 바라보게 된다. 그 "마음"에는 누군가 떠나버린 빈자리에서 생성되는 '그리움'이 담기는데, 그 "거울 속 그리움"은 아름아름 사라져가는 '너'를 기다리고 지키려는 시인의 남다른 의지를 수습하고 있다. 가령 "가슴에 묻어둔 거울" 속에는 '내'가 아닌 '네'가 서 있는 것이다. "때론 낯선 얼굴을 하며" 나타나기도 하지만, 시인은 "내가 보고 싶은 얼굴들은 언제나 거울 속에 비칠까" 하면서 여전히 완강하게 "지나버린 세월의 자욱"이 거울 속에서 흐릿하게 비틀거리는 모습을 바라본다. 비록 "사방을 보아도 낯선 거리/낯선 사람들/헝클어져버린 방향"(「길」)뿐이지만, 그 혼돈과 갈등 속에서도 '거울'을 통해 '나'를 선명하게 바라보고 '너'를 희원하는 속성을 견지하고 있는 것이다. 그 점에서, 시인에게 '거울'은, 자신의 존재를 깊이 탐색하고, 자신의 생애를 멀리 정향定向할 수 있는 탐침이요 방향타가 된다고 할 수 있을 것이다.

나는, 내 소리를 읽었네
시간 오랫동안 지나고
귀를 열고 소리를 듣기 위해서

들추기도 힘든 몸을 이끌고
누군가 손을 잡고 길을 안내한다

삭풍이 불어온다
거기에는 낯익은 소리와 함께 한다

내가 소리를 잃기 전
소리를 내었을 낯익은 그 소리
바람은 소리를 찾아
내 앞을 스친다

놓치고 싶지 않은 그 소리
나의 목소리
바람은 어디서 내 소리를 찾았을까?
나는 바람이 오는 방향에서 발 떼지 못한다
내 소리를 읽기 위하여.

—「나는, 내 소리를 읽었네」 전문

이번 시집의 표제 시편이기도 한 이 작품은, 스스로 자신의 '소리'를 읽어냄으로써, 서정시가 근원적으로 자기 탐색의 장르임을 다시 한 번 실감하게 해주고 있다. 시인은 바로 "내 소리"를 읽음으로써, 오랜 시간 지나온 자신의 삶에 "귀를 열고" 있다. 비록 너무 아파 "들추기도 힘든 몸"이 되었지만, 시인은 누군가의 손을 잡고서 '삭풍'과 '낯익은 소리'가 함께 하는 자신의 삶을 적극 성찰하기를 희원한다. 오래전 "소리를 내었을 낯익은 그 소리"를 찾아서 자신의 진면목을 회복하고자 하는 것이다. 정말 그 '소리'는 "놓치고 싶지 않은"소리였고 그만큼 시인이 회복하고자 하는 진정한 "나의 목소리"인 것이다. 또한 "바람이 오는 방향에서" 들려오는 그 '소리'는 존재가 건네오는 '소리Stimme'로 몸을 바꾸며, 가장 깊은 바닥bottom에서 울려나오는 "내 소리"로 거듭난다. 여기서 시인이 탐색해마지않는 '소리'의 근원은 "이 세상 그 어디에도 없는/언어를 찾아/죽음도 삶도 없는/침묵"(「독백」)을 탐색하려는 시인의 가열한 의지를 반영하고 있는 것이다. 또한 그것은 자연스럽게 '침묵의 소리sound of silence'가 되는 동시에 가장 커다란 울림을 가진 소리로 다가오는 것이다. 이러한 자신만의 '소리'를 통해 김종석 시인은 자신이 소망하는 진정한 '자화상'에 이르게 된다.

나 구겨지고 많은 때 묻었다
지워버리고 싶은 순간은
죽음이 가려줘도
모습 화려하게 남는다
한때 기억상실 환자였을 때처럼
되돌아가고 싶은 마음
누군가 거칠게 지나쳐도
항변하지 않는다
변명은 낡은 나의 기억에 남고
진실한 말도 그들에겐 비웃음뿐
질시는 내 영혼 속에 스며들고

세상은 순수함을 잃었다
영원히 변치 않는 꽃향기
이렇게나마 하는 한 마디
이것이 나의 자화상인데.

—「자화상」 전문

시인의 '자화상'은 투명하고 심미적인 것이 아니다. 오히려 처음에는 "구겨지고 많은 때"가 묻은 모습이었고, 그래서 "지워버리고 싶은 순간"이 적지 않았던 자화상이다. 하지만 시인은 비록 자신의 모습을 죽음이 가려준다 해도, 그것이 화려한 모습으로 남기를 희구한다. 한때 "기억상실 환자"였고 또 숱한 삶의 난맥상을 지나왔지만, 그래도 가장 순결했던 때로 "되돌아가고 싶은 마음"은 간절하다. 낡은 기억 속에 머무른 "진실한 말"을 지키면서 타인들의 비웃음과 질시와 비순수 속에서도 "영원히 변치 않는 꽃향기"를 감싸안은 모습으로 남고자 하는 것이다. 이러한 모습이 바로 김종석 시인만의 "자화상"이다. 여기서 '자화상'이란, 앞에서 본 '거울'이나 '내 소리'에서처럼, 자신을 정직하고 건실하게 바라보려는 시인의 '자아 성찰'의 품이 그려진 화폭이다. 비록 "소년에서 청년 사이/나는 눈물을 너무나 탕진"(「눈물이 나오지 않는다」)해버릴 정도로 아픈 삶을 이어왔지만, "아름다움은 순수함에서 피어나는 것"(「죽음 같은 욕망 파아란 하늘」)이라는 정언을 믿고 살아온 시인의 삶은, 그 점에서 참으로 눈물겹게 진솔하고 애잔하고 아름답다.

이처럼 김종석 시인은 자신의 '자아 성찰' 시편들을 통해 진정한 의미의 나르시스로 거듭난다. 그것은 자기의 본모습을 안쓰럽게 바라보는 시선과, 진정한 자신으로 승화하려는 미적 갱신 의지를 동시에 담고 있다. 그 모습에서 우리는 김종석 시인의 시적 추구가, 이역異域 땅에서 점점 낯설어지는 자신을 회복하고 완성하려는 의지를 그 저류底流로 삼고 있음을 선명하게 알게 된다. 그 안에는 "나의 젊음, 청춘, 미움과 침묵, 사랑"(「열두 살 연상의 여인과 길동무하며」)이 모두 빼곡하게 들어 있는 것이다.

4.

다음으로 김종석 시인의 시적 적공積功은, 가령 '시詩란 무엇인가?' 혹은 '시는 무엇을 말하는가?' 같은 메타적 상상과 사유의 시편들을 향한다. 그야말로 '시'로 씌어진 '시론詩論'인 셈이다. 아닌게 아니라 김종석 시인은 이번 시집을 통해 다양한 '시'의 풍경을 길어 올리는데, 그는 '풍경'과 '소리'를 채집하고 재현하면서 그것들의 구체적 세목細目들을 완성해간다. 말하자면 실로 다채로운 풍경과 소리를 시적으로 수습하고 표현한 것이다. 또한 시인은 '시'에 대한 자의식, 곧 궁극적 자아 탐구로 남게 되고 심미적 축약을 욕망할 수밖에 없는 '시'에 대해 적극적으로 사유하는 자의식을 보여준다. 이때 '시'는 시인 스스로를 드러내는 가장 중요한 언어 예술이 되고, '시인'은 언어적 자의식으로 충만한 사람이 된다. 다시 말하면 언어의 도구적 기능을 넘어 언어 자체에 대하여 공을 들이는 '시인'으로서의 자의식이 강조되어 나타나는 것이다.

나는 음악을 들으며 시를 쓴다
귀가 열리고
음악이 열리고
결국 나는 모든 것을 던져버린다
잠자리에서 들리는 소리는
하늘에서 들려오는 소리처럼
미로 같은 음을 들을 땐 서러움이
신세계의 방향을 가리키기도 한다
음악 속에는 시가 있고
많은 영혼들이 녹아 있다
죽어 있는 것과
살아 있는 것들이 소리를 같이 하면
그것이야말로
가장 아름다움이다
비밀 한 가지 시들도 음악 좋아한다
깊은 잠 속에서 듣는 음악은
내 심장을 떼어가도
내 쉬는 숨소리는 아름답기만 하다
나는 시를 쓰면서 음악을 듣는다.

—「시와 음악」 전문

오래전 영국의 저명한 평론가인 월터 페이터Walter Pater는 "모든 예술은 부단히 음악의 상태를 동경한다."라는 말을 했거니와, 그만큼 '음악'은 의미 이전의 '절대 예술'에 근접해 있는 유일한 예술 양식일 것이다. 여기서 김종석 시인은 자신의 '시'가 '음악'에 최대한 가까워지기를 소망하고 있다. 그래서인지 시인은 '음악'을 들으면서 '시'를 쓴다고 한다. 그때 비로소 '귀'가 열리고, '음악'이 열리고, 궁극에 시인은 "모든 것"을 던지고 마치 "하늘에서 들려오는 소리처럼" 본질적인 '소리'를 듣게 된다. 비록 "미로 같은 음"을 들을 때는 서러움이 촉발되기도 하지만, 자신이 가 닿은 '음악'의 차원에서 '시'를 발견하는 기쁨은 퍽 크다. 그렇게 "음악 속에는 시가 있고/많은 영혼들이 녹아" 있는 것이다. 한 걸음 더 나아가 "죽어 있는 것과/살아 있는 것들이 소리를 같이" 할 때 가장 아름다운 '음악' 곧 '시'가 완성되는 것이다. 그렇게 '시'도 '음악'을 좋아하고 '시'는 심장을 떼어가도 숨소리를 아름답게 남기게 된다. 그러니까 '시'와 '음악'은 동일체가 된다. 그 안에는 우리 삶이 보여주는 여러 "기울음의 파장"(「바다가 움직일 때」)이 선율과 가락을 동반한 채 숨쉬고 있고, "죽음과 삶 속에 머물러"(「이별의 미소」) 있는 우리 삶의 모습이 그야말로 약여하게 담겨 있는 것이다. 참으로 '시'는 여러 기능을 감당한다. 다음 작품도 바로 그러한 '시'의 철학적, 형이상학적 속성을 함축적으로 담고 있는 사례이다.

영혼을 쪼개 나열하면
한 편의 시가 되는 줄 알았다
장례식장 근처를 서성이며
혹시 시 한 구절 있지 않을까 생각하며
조용히 잠들어 있는 사자에게 물어보고 싶은데

굳어버린 혀 통곡소리 슬프지 않고
비밀스런 언어 땀샘으로 새어 나온다
조각조각 쪼개놓은 영혼 아무것도 찾을 수 없어
시의 그리움 거기에도 시는 없었네

푸근하게 관 속에 누워 있는 여인
나 또한 틈새가 있다면 함께하며
그녀의 가슴을 헤치면 시가 있을까

낮은 곳에서 높은 곳으로 추락해가는 모습
놓치고 싶지 않은 영혼
시들이 뭉쳐 있을 것 같은 형상
나를 절망케 하는 시는 아무 곳에도 없었네.

—「시는 보이지 않는다」 전문

여기서 김종석 시인은 자신이 지향하는 '시'가, 눈에 보이지 않는 비가시적 존재임을 설파한다. 자신은 예전에 '영혼'을 잘게 쪼개면 그것이 하나하나 모두 '시'가 되는 줄 알았지만, 사실 자신이 찾던 '시'는 어디에든 있었고 어디에도 없었다. "장례식장 근처"에나 "조용히 잠들어 있는 사자"에서 '시'를 찾아보려 했지만, "굳어버린 혀 통곡소리"나 "비밀스런 언어"는 '시'의 비의秘義를 결코 가르쳐주지 않았다. "조각조각 쪼개놓은 영혼"들에서 아무것도 찾지 못한 시인은, 그래서 "시의 그리움"을 가지고 "시들이 뭉쳐 있을 것 같은 형상"을 힘겹게 찾아 나선다. 그럼에도 "나를 절망케 하는 시는 아무 곳에도" 없다. 그래서 시인은 자신이 스스로 '시'를 찾아 "살려거든 빛을 찾아 시를 써야지/어둠을 벗어 던지고 시를 써야지"(「푸른 하늘 보며」)라고 말할 수 있는 것이다. 이처럼 어디에도 없는 '시'는, 김종석 시인이 가 닿아야 할 궁극적인 '시'의 철학적이고 형이상학적인 경지境地를 암시적으로 함의하는 것일 터이다. 그러니 '시'의 '부재'는 곧 '시'의 '궁극적 존재'를 함축한다 할 것이다.

낮은 강에 내 몸을 맡기고
물이 되고 싶어
강물이 되고 싶어
꿈에서 보았던 아름다운 곳
내 몸이 물이 되어
흘러내려가기 시작할 때
많은 작은 돌들의 형상에 부딪치며
작은 아픔을 느껴야 하는 줄 몰랐어
낮은 소리는 합창이 되고
향기로운 꽃과 함께 흐르던 작은 강물

강에 몸을 맡겼던 나를 사랑하고
세월이 흐르면 전설이 되겠지만

사랑할 때쯤 쉬지 않고 울어대던 아기 울음소리
낮은 강물은 쉬지 않고 울어대던 아기 울음처럼
어제도 오늘도 내일 또한 흘러가겠지

낮은 강물의 전설이 되어.

―「낮은 강물의 전설」 전문

이 작품도 얼마든지 '시적 시론'의 한 양상으로 읽을 수 있을 것이다. 시인은 낮게 흘러가는 '강'에 몸을 맡긴 채 스스로 '물'이 되고 싶어 "꿈에서 보았던 아름다운 곳"을 향한다. 이제 물이 되어 흘러내려가는 몸은 "많은 작은 돌들의 형상"에 부딪치며 "낮은 소리"를 낸다. 그 '소리'는 어느새 '합창'이 되고, 향기로운 꽃과 함께 "강에 몸을 맡겼던 나"는 오랜 세월이 흘러 전설이 되어간다. 그때 시인의 언어가 남긴 오랜 흔적은 "낮은 강물의 전설"이 되어 많은 이들의 뇌리에 각인될 것이다. 아직 "새파란 푸른 잎을 피우기 위하여"(「고목」) 낡아버린 나무처럼, "시인의 모습만큼 늙어버린 표지들"(「떠날 때의 그리움」)처럼, 김종석 시인은 새롭고도 아름다운 '전설'이 되기 위하여 오늘의 낡음과 소진을 깊이 기억하는 것이다. 그것이 바로 김종석 시인이 생각하고 다짐하는 '시인'으로서의 본질적인 길이 아니겠는가. 그것을 우리는 깊이 기억할 것이다.

일찍이 고대 그리스 철학자 헤라클레이토스는 "우리는 같은 강물에 두 번 발을 담글 수 없다."라고 말한 바 있다. '시간'의 불가역성不可逆性과 인간 존재의 유한성을 동시에 요약한 말이 아닐 수 없다. 그렇게 누구에게나 평등하게 왔다가 사라져가는 '시간'은, 곧바로 사랑하는 대상을 부재하게 하고 또 인간의 기억은 그 대상을 영원히 편재遍在하게 한다. 김종석 시편은 그러한 시간의 원리를 명료하고도 아름답게 전해준다. 결국 김종석 시인은 '시' 혹은 '시인'의 존재론적 본령이 무엇인지를 끊임없이 탐구하고 깨달아감으로써,

자신이 수행하는 시작詩作이 얼마나 자신의 생애에서 중요한 것인가를, 그리고 호환할 수 없는 시간적 예술 행위인가를, 재차 묻고 사유한다. 바로 그 순간, '음악'에 한없이 가까워진, 그리고 어디에든 있고 어디에도 없는 '시'가 '낮은 강물의 전설'이 되어 우리 기억 속에 항구적으로 남게 될 것이다.

5.

우리가 이번 시집을 통해 뚜렷하게 경험할 수 있는 것은 김종석 시인의 남다른 '기억'이다. 원래 '기억'이란 과거 사실들을 향하는 것이지만, 김종석 시인의 '기억'은 지금의 삶을 지탱하면서 이끌어 가는 어떤 심연이자 원형으로 각인되고 있다. 그래서 시인의 '기억'은 살아온 날들에 대한 회상이자, 살아갈 날들의 힘이 되고 있는 것이다. 이렇게 김종석 시인의 시적 격조는 자아와 타자, 삶과 죽음, 신생과 소멸, 만남과 이별의 경계를 가르고 다시 통합함으로써, '그리움'과 '기다림'의 시학을 한 차원 높게 완성해간다. 그 핵심에는 김종석 시인 특유의 '기억'의 힘 그리고 타자를 안아들이고 그 품에서 삶을 완성하려는 '사랑'의 에너지가 숨쉬고 있다. '빛'으로 갈무리된, 그리고 그 어느 것보다도 선연한 아름다움을 뿌리려는 긍정과 포용의 마음이 결국 이번 시집을 관통하는 더없이 중요하고도 깊은 힘인 셈이다.

밤에 빛을 노래하는 수많은 별들이여

앞을 볼 수 없어 방황하는
내 영혼의 길잡이가 되도록
별 하나만 빌려주소서.
내가 가고픈 곳이 어디던가
내가 보고 싶은 사람이 누구이던가
별들은 어둠이 짙을수록 반짝거린다는데
별들이여, 내 영혼 갈 길 더듬게 하지 마시고
별 하나 빌려, 내 마음 그늘진 구석
은빛으로 채워주소서.
웅크린 채 얼어붙어 방황하는 내 영혼
별 하나로는 아니 별 두 개라도 채울 수 없는
넓고도 넓어 빛이 비추지 못할 것 같은
아직은 살아 있는
나의 간절한 소망 나의 영원한 꿈의 노래.
별 하나가 아니더라도
작은 빛 한 줌만
꿈결에서라도 이룰 수 있도록 빌려만 준다면
훗날, 나의 모든 것, 나의 가장 소중한 것,
모두 버릴 수 있는데.

—「별의 영혼」 전문

과연 '별'에도 '영혼'이 있는가. 시인은 자신의 분신적 영상을 '별'로 택하고 그 '별'의 깨끗하고 아름다운 영혼을 자신의 그것으로 상상한다. 말하자면 "밤에 빛을 노래하는 수많은 별들"은 '시'를 '음약'으로 여겨온 시인 자신의 모습인 것이다. "앞을 볼 수 없어 방황하는/내 영혼의 길잡이"가 되어준 '별'의 반짝임은, "내가 가고픈 곳"과 "내가 보고 싶은 사람"을 알려주고, 어둠이 짙을수록 더욱 반짝거리는 '별' 은 "내 영혼 갈 길"을 환하게 비추어준다. "마음 그늘진 구석"을 은빛으로 채워주는 '별 하나'의 아름다움은, 그 점에서 "방황하는 내 영혼"을 치유하고 채워주는 신성한 존재이다. 그렇게 "넓고도 넓어 빛이 비추지 못할 것 같은" 시인의 간절한 '꿈의 노래'는, 비록 "별 하나"가 아니더라도, 시인에게 "작은 빛 한 줌"으로 가장 소중한 것마저 버리고 살아갈 수 있는 힘을 부여할 것이다. 비록 "그리움은 뒷걸음질하며/앞으로 더 나아갈 수"(「고통(1)」) 없게 하지만, 그 '그리움'의 힘으로, 시인은 "소년의 지워져버린 꿈처럼"(「기억에 남기고」) 남은 "또 다른 상처"(「상처(1)」)에도 불구하고 "순수하고 애절한 모습"(「기적이 현실로 내 앞에 섰을 때」)으로 살아갈 것이다. 다음 시편에 나타난 '목련'도 그러한 이미지로 남는다.

> 세상에 머물면 머물수록
>
> 땅에 떨어져 짓밟혀지는 꽃잎
>
> 아침 일찍 피었다 몇 날 머물며
>
> 그 꽃잎 그대로 땅에 떨어져 아름다운 마른 땅
>
> 향기 어우러져 나 무슨 향기인 줄 모른 채

하얀 치마 날개 삼아 저 하늘 향하여

내 꽃잎 시들기 전 바람에 날리고

활짝 피었다 길 재촉하고픈 마음

세상 사람 기억 머물기 전 떠나야 하는 꽃

하얀 손 날갯짓하며

내년이면 다시 찾아와야지.

—「목련」 전문

'목련'의 자태는 단아하고 아름답게 피어 있던 꽃잎의 조락凋落으로 인해 소멸해간다. 그 낙화의 순간은 한동안은 부재의 통증을 선사해주지만, 한편으로는 새로 피어날 다음 해의 목련을 상상하게 하는 시간을 허여하기도 한다. 그럼에도 먼저 그것은 "세상에 머물면 머물수록//땅에 떨어져 짓밟혀지는 꽃잎"의 영상으로 얼비쳐온다. 하지만 "아침 일찍 피었다 몇 날"이나 머물던 꽃잎은, "그대로 땅에 떨어져 아름다운 마른 땅"을 덮는다. 비록 어우러진 향기조차 알 수 없지만, "하얀 치마 날개 삼아 저 하늘 향하여" 꽃잎이 시들기 전에 자신의 길을 재촉하는 마음은, 아마도 존재론적 자기 갱신을 꿈꾸는 시인 자신의 초상肖像을 반영한 결과일 것이다. 그렇게

'목련'은 "세상사람 기억 머물기 전 떠나야 하는 꽃"으로 시인 자신을 은유한다. 아마도 그것은 "하얀 손 날갯짓하며//내년이면 다시 찾아"오는 시인의 꿈 자체이기도 할 것이다. 그 안에서 우리는 비록 시인이 "나는 외로운 소년에 불과"(「외로운 소년」)하다고 고백했지만, 사랑하는 "당신과 무언의 대화를"(「사랑했는데」) 하면서 "나의 모든 영혼을 태워야/사랑할 수 있음을"(「사랑을 위하여」) 알아가는 김종석 시인의 아름다운 자기 갱신 과정에 동참하는 것이다.

지금까지 천천히 읽어온 것처럼, 김종석 첫 시집의 음역音域은 "꿈이 우리들의 삶을 지탱해주듯"(「나의 꿈」) 가장 아름다운 '꿈'의 언어로 직조되어 있다고 할 수 있다. 그의 시편들은, 심미적 풍경들을 다양하게 시적으로 호명하면서, 궁극적이고 근원적인 생의 여러 이치를 유추하게 하고 있다. 그 점에서 그의 이번 첫 시집은, 그의 시세계가 '현실'과 '꿈'의 접점에서 발원하여 더욱 깊고 심원한 세계로 나아가고 있음을 알려주는 유력한 지표가 되고 있는 것이다. 그렇게 우리는 김종석 시인이 가장 소중하게 남겨둔, "아름다운 날/새로운 기억에 치장해두고 싶어서"(「그날을 위하여」) 예비해둔, 그리고 자신의 삶을 가능하게 했고 앞으로도 가능하게 할 '시'를 한껏 만나본 것이다. 이제 우리는 '그리움'과 '기다림'의 힘으로 존재론적 자기 갱신의 시학을 치열하게 남긴 김종석 시인의 시적 미래를 기원하면서, 그가 더욱 확장되고 심화된 미학적 진경進境을 활달하게 열어가기를, 그리고 이번 시집으로 많은 이들의 영혼을 출렁이게 하기를, 마음 깊이, 소망해보는 것이다.